秘 鲁
PERÚ

中国驻秘鲁大使馆
（Embassy of the People's Republic of China in the Republic of Peru）

地址：Jr. José Granda 150，San Isidro，Lima 27，Perú

领事保护热线：00511-4429458

网址：http://www.embajadachina.org.pe/chn/

秘 鲁
PERÚ ....

文化中行

国别文化手册

秘鲁
PERU

中国银行股份有限公司
社会科学文献出版社　编

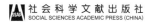

社会科学文献出版社
SOCIAL SCIENCES ACADEMIC PRESS (CHINA)

序

2013 年，国家主席习近平在出访中亚和东南亚国家期间，先后提出共建"丝绸之路经济带"和"21 世纪海上丝绸之路"的重大倡议，向全世界宣告了亿万中国人民谋求和平发展，与沿线国家和地区共同合作、共建繁荣的美好愿景。"一带一路"战略布局无疑成为当今世界最大的系统性工程，得到国际社会的广泛响应。

道之大者，为国为民。作为中华民族金融业的旗帜，中国银行早已将"为社会谋福利，为国家求富强"的信念植入血脉。在一百多年的发展进程中，不断顺应历史潮流，持续经营、稳健发展，为民族解放、社会进步、国家繁荣做出重要贡献。站在新的历史机遇期，以"担当社会责任"为己任，以"做最好的银行"为目标的中国银行，依托百年发展铸就的品牌价值和全球服务网络，利用海外资金优势，实现全球资源配置，护航"一带一路"战略，不仅具有得天独厚的优势，更是义不容辞的责任。

金融业是经贸往来的"发动机"和"导流渠"，是支持"一带一路"建设的中坚力量。中国银行作为国际化、多元化、专业化程度最高的国有股份制商业银行，截至2015年底，已在"一带一路"沿线18个国家设立分支机构，未来，将持续完善全球布局，增加对"一带一路"沿线国家的机构覆盖。可以肯定地讲，中国银行完全有能力承担起国家赋予的责任与使命，为构建"一带一路"金融大动脉做出重要而独特的贡献。

"一带一路"建设投资规模大、周期长，涉及众多国家和地区，金融需求跨地区、跨文化差异明显，这对银行业提出了新的挑战。如何跟上国家对外投资的步伐，如何为"走出去"企业铺路搭桥，如何入乡随俗、实现文化融合，成为我行海外发展面临的一系列重要问题。《文化中行——"一带一路"国别文化手册》（以下简称《手册》）正是在这个大背景下应运而生。《手册》从文化角度出发，全面介绍了我行已设和筹设分支机构的"一带一路"沿线国家的政治经济环境、金融发展业态、民俗宗教文化等，为海外机构研究发展策略、规避经营风险、解决文化冲突、融入当地社会提供实用性、前瞻性的指导和依据。对我行实现跨文化管理，服务"走出去"企业，指导海外业务发展，发挥文化影响力，实现集团战略都具有重要的价值。

　　最好的银行离不开最好的文化。有胸怀、有格局的中行人，以行大道、成大业的气魄，一手拿服务，一手拿文化，奔走在崭新又古老的"丝路"上。我们期待《手册》在承载我行价值理念，共建区域繁荣的道路上占有重要一席，这也正是我们实现文化"走出去"战略的题中应有之义。

田国立

2015 年 12 月

目录

秘鲁
PERÚ

第一篇

国情纵览

秘 鲁
PERÚ ··

一　人文地理

1　地理概况

　　秘鲁，全称秘鲁共和国，位于南美洲西部，紧靠赤道线以南，介于南纬 0°01′48″ ~ 18°21′03″和西经 68°39′27″ ~ 81°19′34.5″之间，首都利马。秘鲁西部濒临太平洋，北与厄瓜多尔、哥伦比亚为邻，东与巴西交界，东南与玻利维亚毗连，南与智利接壤，海岸线长 2254 公里。国土面积为 128.5 万平方公

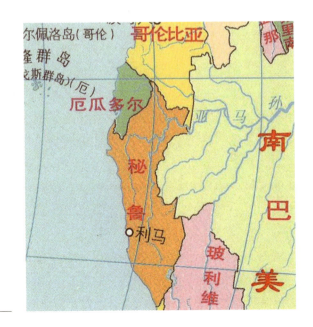

秘鲁地理位置

里，山地占全国面积的 1/3。安第斯山纵贯南北，把秘鲁分为三个区域：西部的沿海区、中部的安第斯山区和东部的亚马孙雨林地区。沿海地区面积占秘鲁领土面积的 11%，中部山区占其领土面积的 29%，东部雨林地区占领土面积的 60%。

2 历史沿革

公元 11 世纪，印第安人以库斯科城为首都，在高原地区建立印加帝国。15 ~ 16 世纪初形成美洲的古代文明之一——印加文明。1533 年沦为西班牙殖民地。1535 年建立利马城，1544 年成立秘鲁总督区，成为西班牙在南美殖民统治的中心。1821 年 7 月 28 日宣布独立。1835 年，秘鲁与玻利维亚合并，称秘鲁—玻利维亚联邦。1839 年联邦解体。1854 年废除奴隶制。1879 ~ 1883 年，为争夺盛产硝石的阿塔卡马沙漠，秘鲁联合玻利维亚同智利进行了太平洋战争，秘鲁战败，与智利签订了《安孔条约》，丧失了世界上最大的硝石产地——塔拉帕卡省，并被迫将塔克纳、阿里卡两省交给智利管辖 10 年。1929 年双方经过和平谈判，秘鲁收回塔克纳省。秘鲁长期遭受内乱外患，军人曾多年执政。1980 年举行民主选举，恢复文人政府。1990 ~ 2000 年，"改革 90"领导人藤森（日裔）连任两届总统，2000 年 11 月辞职流亡日本。2001 ~ 2006 年，秘鲁可行党领导人托莱多任总统。2006 ~ 2011 年，阿普拉党领袖加西亚任总统。2011 年 7 月 28 日，民族主义党主席乌马拉就任总统，任期 5 年。

3　人口综述

根据 2010 年公布的人口统计数据，秘鲁总人口为 2946 万，在全球排第 44 位，在拉丁美洲排第 5 位。其中沿海地区人口占全国总人口的 52.1%，中部山区人口占总人口的 36.9%，东部雨林地区人口仅占总人口的 11%。由于城乡发展不平衡，山区人口大量流向大城市，城镇人口占总人口的 72.6%。在人口构成上，儿童占 37.0%，劳动年龄人口约占 58.4%，老龄人口约占 4.6%。首都利马有人口 788 万，占全国总人口的 26.7%。华人华裔近 250 万，约占人口总数的 10%。

2005 ~ 2015 年，秘鲁人的平均预期寿命为 74.1 岁，其中男性 70.5 岁，女性 75.9 岁，平均出生率为每千人 19.4 人。人口增长率呈下降趋势，2021 年、2050 年人口增长率将分别为 1.01%、0.33%。

4　语言文字

秘鲁作为一个多民族国家，使用多种语言。1993 年宪法规定："西班牙语为官方语言，在克丘亚、艾马拉和其他土著民族居民为主的地区，克丘亚、艾马拉和其他土著语言也是当地的官方语言。"据秘鲁国家文化局（Instituto Nacional de Cultura）统计，秘鲁现在还有 50 多种语言，其中 17 种属于亚马孙语系，它们又分成各有独自方言的 38 种语言。使用最多的是克丘亚语和艾马拉语，克丘亚语有 5 个变种，艾马拉语也有 3 个变种。在尚未进入现代社会的少数民族中，这些印第安人仍然保留着他们自己的语言。

特别提示

★ 首都利马属西五时区，当地时间比格林尼治时间晚
  5 个小时，比北京时间晚 13 个小时，没有夏令时。

二　气候状况

秘鲁具有多样性气候，安第斯山脉和秘鲁寒流使全国各地的气候有较大的差异。西部沿海地区属沙漠草原气候，总体而言气候温和、湿度大、降水量少，但其北部气温较高，降水量较大；中部安第斯山区地处高原，属热带山岳气候，夏季多雨，气温和湿度随海拔升高而下降，年降水量一般不足250毫米；东部亚马孙地区属热带雨林气候，高温多雨，但其南部冬季寒冷，年平均降水量为1000～3000毫米。

秘鲁夏季和冬季比较分明。总体上，冬季温和潮湿，气温为13℃～19℃。春、秋季气候宜人，夏季凉爽，平均温度为20℃～25℃。

特别提示

★ 秘鲁位于环太平洋地震带上，是个地震多发国家。境内火山众多，时常发生火山喷发等自然灾害。

★ 沿海北部沙漠地区会受到"厄尔尼诺"现象的影响，当"厄尔尼诺"肆虐之时，会有短时间的暴雨，造成严重的自然灾害。

★ 首都利马位于秘鲁中部靠近太平洋一侧，里马克河流经利马北部，海拔154米，年平均气温为18.7℃，终年少雨，冬季多雾潮湿，少见阳光，被誉为"世界无雨城"。

三 文化国情

1 民族

秘鲁是一个多民族国家，素有"种族大熔炉"之称，拥有拉美 100 多个少数民族中的 57 个。印第安人占秘鲁总人口的 45%，印欧混血人种占 37%，白人占 15%，其他人种占 3%。克丘亚族和艾马拉族是秘鲁人口最多的少数民族。

秘鲁民族的构成因素较多，除本土印第安民族外，西班牙人与土著印第安人通婚，形成印第安混血人种——梅斯蒂索人。非洲黑人、华人华侨、日本人及非西班牙欧洲移民（德国人、意大利人和法国人）等不同民族的人会聚在秘鲁，构成了一个特殊的、具有明显秘鲁特征的民族——秘鲁民族。当然，由于每个人生活环境各异，其性格也有所不同。

特别提示

★ 克丘亚族（Quechua）印第安人分布在秘鲁和玻利维亚的安第斯山地区。艾马拉族（Aimara）印第安人分布在玻利维亚和秘鲁的的的喀喀湖地区，两个民族都已被纳入秘鲁社会，从事农业和牧业，本民族语言仍在使用。

2 宗教

秘鲁宪法规定宗教信仰自由。全国90%的人口信奉天主教，6.0%的人口信奉福音教，2.6%的人口信奉其他宗教，1.4%的人不信教。

扩展阅读：秘鲁的主要宗教

原始宗教

早在天主教传入之前，秘鲁就有了原始宗教。主要表现为神明崇拜、神灵崇拜和精灵崇拜等。信奉创世神"维拉科查"或"帕查卡马克"。崇拜天神太阳神、雷神和月神，地神土地、大海，还有山峰、河流、湖泊、树木等，凡是他们认为具有精灵的事物都要敬若神明，顶礼膜拜。

天主教

天主教在秘鲁国家宗教中一直占据重要地位。自秘鲁独立到20世纪初，天主教一直是国家独一无二的信仰，"国家保护天主教并且不准公开实行其他宗教"。直到1915年修改宪法时，才允许公开信仰其他宗教，但天主教政教合一的地位没有动摇。1979年宪法取消了这一条款，但依然给予天主教很高的地

利马大教堂
图片提供：达志影像

位。宗教组织对政府的行政、司法、教育等方面的工作享有监督指导权。教会在秘鲁被公认为最具道德影响力的组织，与国家从未发生过冲突。

秘鲁90%的人口信奉天主教，不过，他们并不是十分严格地遵守戒律，他们以自己的方式表达对神明的崇拜，保持着印第安文化的元素。

新教

新教在19世纪传入秘鲁，但影响不大。目前新教大致分为以下4种：①福音教，该宗教倡导集中体现在《圣经》中的伦理道德，如不饮酒、不吸烟和不参加欢庆活动等；②圣灵降临教，主张以信仰和圣灵的美来补救自己的心灵；③冥世教，包括基督降临派、摩门教派等；④东方宗教，不是源自对基督教的信仰，而是源自印度、日本和中国的传统。

特别提示

★在秘鲁首都利马，300多年来一直为"奇迹圣主"（Seno de Milagros）举行朝圣游行，每当此时，全城万人空巷，形成天主教世界最为壮观的迎神活动。而在其他地方则是为其他神明举行朝圣，在阿亚巴卡为"被俘的圣主"，在哈恩为"瓦曼坦加的圣主"，在瓦拉斯为"孤独圣主"，在库斯科为"地震圣主"、

"万卡圣主"和"科伊鲁尔·里蒂圣主",等等。

★ 秘鲁人大多信奉天主教,崇拜祭祀太阳神,每年冬
　至要举行祭祀活动,库斯科的祭典规模最大,人们
　在头戴假发和面具的男主祭人主持下,一连三天,
　膜拜初升的太阳,并和着民间乐曲跳太阳舞,以示
　对太阳神的尊崇。

★ 秘鲁基巴罗族人视巫师如神明,并对其异常崇敬。
　秘鲁人特别忌讳"死亡"二字,若以"死亡"来诅
　咒他人,必会引起殴斗。

3　风俗与禁忌

　　秘鲁是一个多民族、多元文化的国家,有着淳朴的民俗。
受经济生活、社会变革、民族心理、信仰、语言、艺术等制约,
各地和各部族形成并保留了自己的习俗,并同国家的政治、经
济和文化交织在一起,对秘鲁社会的发展产生巨大影响。

（1）民族服饰

　　秘鲁山区的服装最具特色,传统的服饰色彩绚丽、造型独
特。它们都是用家庭织布机织出的亚麻布、毛料和台面呢制作
的。山区服装的特点是不仅做工繁复和种类多样,而且数量多
得难以计数,仅在库斯科和普诺就有300多种。许多服装的佩
饰还留有西班牙安达露西亚地区服装的风格,女外衣上刺绣着
色彩艳丽的花纹,五颜六色的褶边裙,带有金银丝带的呢帽,

年轻的秘鲁姑娘身着传统服饰

图片提供：达志影像

带花边饰物的衬衫，垂到小腿肚部位的紧身长裤等。一些山区服饰还保留着印卡时代的遗风。妇女都围着一种披肩盖住双肩，男子都有一种毯子形状、中间开口、从头部套进去的斗篷，男子和妇女都有一条系在腰部的腰带，上面刺绣着色彩斑斓、造型各异的图案。

帽子是山区服饰的重要组成部分，它既是一种时尚，又是身份和级别的象征。其样式和种类丰富多彩，人们都用帽子显示自己的贫富。男帽从用毛料制作的"丘略斯"帽到用毛毡制作的西方样式的高筒垂檐帽和高筒卷檐帽，应有尽有。女帽从未婚姑娘的花呢帽到老妈妈戴的古典式高筒礼帽，样样具备。

（2）饮食文化

秘鲁菜肴大体可分为两大系：以利马为代表的沿海区以辣味为主，以库斯科为代表的山区以甜味为主。前者以鱼、海味、鸡和马铃薯为主料，做法多为凉拌、清蒸和烧烤，特色菜有生鱼"塞维切"（Ceviche）、火烤辣味牛心或鱼块串"安蒂库乔"（Anticucho）等。后者以牛肉、羊肉和马铃薯为主料，做法以炖、烩和煎为主，名菜有用牛肉、甘薯和大蕉烩制的"桑科恰多"（Sancochado）、用马铃薯干煎的"丘纽"（Chuo）、甜咸味的虾菜汤"丘佩"（Chupe）等。

秘鲁人是马铃薯的最早培育者和食用者，马铃薯是他们最喜爱的食物之一。秘鲁人可以马铃薯为主要原料，以煮、煎、烧和烤的烹饪方法制作出上百种风味各异的佳肴。秘鲁人对海味和肉类佳肴尤为钟爱，其烹调方法独具特色，惯于用炭条把鹅卵石烤烫，然后放上肉食烤制。还有的把玉米、豆类等主食也放在卵石上烤制，其香味独特，十分诱人。秘鲁人的主食为米饭。

秘鲁的传统饮料是奇恰酒和皮斯科鸡尾酒，分别以玉米和葡萄酿制而成。一般来说，山区的印第安人爱喝奇恰酒，沿海城市居民喜饮皮斯科鸡尾酒。皮斯科鸡尾酒已成为秘鲁的一种餐饮文化象征，2007 年被确认为秘鲁国家文化遗产。2004 年，秘鲁政府宣布将每年 2 月的第一个星期六定为全国"皮斯科鸡尾酒节"。

秘鲁印第安人至今保留着嚼古柯叶的习惯。每天用古柯叶泡茶，称为古柯茶，像茶叶和咖啡一样饮用。午饭后，喜欢围坐在一起咀嚼古柯叶。据说咀嚼古柯叶能使人产生温暖和舒服之感。古柯是一种灌木，生长在南美洲安第斯山脉地区，树高1 ~ 3 米，叶含可卡因，有麻醉作用。

中华民族与秘鲁民族有着长期友好往来的历史。数个世纪以来，大批中国沿海居民移居秘鲁，对秘鲁人的饮食习惯、饮食结构产生影响。美味可口的中国菜肴深受当地居民欢迎。秘鲁人喜爱中国的京菜、鲁菜，如酥脆鱼皮、德州扒鸡、北京烤鸭、烤花鳞鱼、串烧肉、香酥鸡腿、糖醋黄鱼及茄汁鱼丸等。

特别提示

★ 在仪态方面，秘鲁人在现代社交生活中，通常是着西式服装，他们在穿着上比较注重个性，在同一场合，若在场的秘鲁人未脱掉自己的上衣，其他人这样做则是不礼貌的。女子除在官方场合穿礼服外，平时习惯身披大披肩，宽大通风，穿起来别有风姿。这个披肩白天当衣服，晚上又可当被子。妇女还喜欢佩戴各种金属饰物，节日里通常戴银制或铜制耳环等。秘鲁的奥列宗人都喜欢在耳垂上嵌一个木盘，起初为小盘，随年龄的增长，逐渐换大盘，以至于把耳垂拉得很长，有的甚至两耳垂肩，故称"大耳人"。在该部族，大耳不仅是美的标志，也是智慧的象征。

★ 在日常交往方面，秘鲁人具有拉丁民族的特征，热情、好客，但时间观念不强，与他们约会应预留时间余量。在社交场合与客人相见和告别时，都惯以握手为礼。男性朋友之间相见，一般惯施拥抱礼，并互相拍肩拍背。秘鲁妇女之间相见习惯施亲吻礼（亲吻对方的面颊），嘴里不停地发出表示友好的喷喷声或问候的话。谈话时，双方的距离很近，他们认为这是亲近的表示。如果向你的身体做搂或抓的动作，表示"我付钱"的意思，他们还喜欢用飞吻的手势赞美一样东西。

★ 在饮食方面，秘鲁人忌食海参一类的奇形怪状的食品。他们平时一日三餐，早餐较为简便，一般多是面包加牛油，一杯牛奶或咖啡。秘鲁人大多比较重视午、晚两餐，讲究菜肴香脆，注重菜肴量小质精，口味偏淡、偏甜。蔬菜爱吃洋葱、西红柿、卷心菜、黄瓜及柿子椒等，调料爱用花椒粉、胡椒、鱼粉、味精及柠檬汁等。用餐时他们不习惯使用中国的筷子，仍用西餐的刀叉取食。

★ 秘鲁人忌讳"13"和"星期五"，认为这是不吉利的数字和日期，遇其必将会大难临头；忌讳乌鸦，认为乌鸦是一种不祥之鸟，会给人带来厄运；忌讳以刀剑为礼品，认为送这些东西意味着割断友谊。

★ 利马市在每年10月、11月的祭奠期间，每逢周日在ACHO广场都有斗牛比赛。

★ 秘鲁人对紫色倍加赞赏。在每年10月举行的宗教活动中，人们广泛使用紫色，认为紫色预示着幸运的到来。

★ 他们非常喜欢猫头鹰。认为这是一种益鸟，会给人类造福，并认为它是智慧和力量的象征。

★ 秘鲁的印第安人在每年9月都举行驱魔节日。因9月是雨季，瘟疫易于流行。为了驱除病魔，秋分后月圆的第一天，所有的人都要禁食。晚上各家聚会，烤制一种掺有小孩鲜血的玉米饼。人们在洗浴之后，用这种面饼擦头、脸、胸、肩和腿，认为这样可以消除病痛。然后再用这种面饼擦门槛，证明全家都已斋戒净身。

4　重要节日

秘鲁有众多的节假日，其中有纪念政治事件、历史事件、英雄人物的节日，如独立日即国庆日（7月28日）、向国旗宣誓效忠日（6月7日）、国际劳动节（5月1日）、陆军节即阿亚库乔战役胜利日（12月9日）、空军节（7月23日），武装力量日（9月24日）、海军节即安加莫战役纪念日（10月8日）、国民警察节（12月6日）等。

此外，还有各种宗教节日，如圣彼得和保罗日（6月29日）、太阳节（6月24日）、游神节（10月）、复活节、万圣节（11月1日）、万灵节（11月2日）等。

除此之外还有许多民间传统节日，如元旦（1月1日）、康德拉利亚圣母节（2月2～15日）、皮斯科鸡尾酒节（2月）、国家土豆日（5月30日）、雅瓦尔节（7月下旬）、利马玫瑰节（8月30日）、情人节（2月14日）、普诺建城节（11月4～5日）、母亲节、父亲节、佣人节（3月30日）等。

扩展阅读：秘鲁的主要宗教节日

太阳节（6月24日）

6月24日是秘鲁克丘亚人最重大的节日，届时会在库斯科市近郊的印加遗址萨克萨瓦曼城堡举行庆典，祭奉太阳神，也称为太阳祭。克丘亚人的祖先是印加人，他们崇拜太阳，"印加"意即太阳的子孙，他们的国王也叫"印加"。库斯科是印加帝国的首都。

圣彼得和保罗日（6月29日）

圣彼得和保罗日是秘鲁、哥伦比亚、哥斯达黎加、圣马力诺、梵蒂冈、委内瑞拉等国的宗教或民族节日，是基督教会为纪念所谓最高圣徒圣彼得和保罗——最早传播基督教教义者而规定的节日，起先流传于罗马，后因罗马主教（教皇）自称圣彼得的"继承人"而迅速传播开来。目前主要盛行于秘鲁农村地区。

利马玫瑰节（8月30日）

利马玫瑰节是纪念南美洲女守护神的节日。

游神节（10月）

10月全月的游神节是秘鲁一个历史悠久的宗教节日。在节日期间，教徒们将教堂里的神像抬出去游街，后面跟随着成千上万的信徒。他们手拿蜡烛、花束，在鼓乐声中缓缓前进。同时举行斗牛、斗鸡等活动。

万圣节（11月1日）

为纪念有名的和无名的一切圣徒。大约在公元9世纪，基督教会考虑到许多圣徒还没有自己的节日，遂把11月1日定为万圣节。由于它与自古沿习下来的鬼节（10月31日）仅相差一天，后来人们就将其合二为一，这就是万圣节又称鬼节的原因。以后，这一节日又逐渐从欧洲传到北美、拉美及世界其他地区。秘鲁全国均过此节。

万灵节

若 11 月 2 日是星期日，则改为 11 月 3 日。这个节日是为纪念已逝世的信徒。根据天主教教义，在世信徒的祈祷有助于亡魂涤罪，使他们有资格觐见上帝。天主教国家的人民都相信在万灵节的夜里，死者一定会返回家中，享受生前喜爱的食物，于是在这一天的夜里，有些人家会准备糕饼，以备死者灵魂回来享用。

秘 鲁
PERÚ

第二篇
政治环境

秘 鲁
PERÚ ·

一　国家体制

1　国体、元首及国家标志

　　根据现行的秘鲁 1993 年宪法，秘鲁是一个民主、公有、独立和有主权的共和国，实行代议制和地方分权制。国家权力来自人民，行使权力者必须在宪法和法律规定的范围内行使权力。国家元首是总统。根据 1993 年宪法，秘鲁实行行政、立法和司法三权分立的政治制度。国家的主要机构包括国会、地区议会、省议会、县 / 市议会、内阁、最高法院、高等法院、一审法院、调解法院、国家检察院、审计署等。

秘鲁国旗　　　　　　　　秘鲁国徽

2　宪法概述

　　秘鲁于 1823 年制定第一部宪法，此后又先后颁布了十余部宪法。现行宪法于 1993 年制定（当年 12 月 31 日起生效）。

宪法规定，总统是国家元首，是武装部队和国民警察最高统帅。总统由全民直接选举产生，获半数以上选票即可直接当选；若任何总统候选人都不能在首轮选举中获胜，得票最多的两位候选人将进行第二轮投票。总统任期5年，可连任一届，隔届可再参选，增设第一副总统和第二副总统，国会由两院制改为一院制，对恐怖分子可处以极刑等。2000年11月2日，秘鲁国会通过宪法修正案，规定总统不得连任。2005年3月11日，秘鲁国会再次通过宪法修正案，正式赋予军人和警察投票权。总统主持部长会议并任命内阁。

二　政治制度

1　政体概述

　　秘鲁议会，又称国会，实行一院制，由 130 名议员组成。议员由选举产生，任期 5 年，可连选连任。国会每年有两次会期，休会期间由常务委员会主持工作。每届国会任期 5 年。国会主席在议员中选举产生，任期 1 年。本届国会于 2013 年 7 月成立，共有 10 大政治派别：秘鲁胜利党团 36 席、人民力量党团 35 席、秘鲁可行党团 11 席、人民行动—广泛阵线党团 9 席、议会协商党团 9 席、基督教人民党—争取进步联盟党团 7 席、民族团结党团 7 席、尊严与民主党团 7 席、地区联盟党团 6 席、无党团议员 3 人。

　　国会的职权是代表国家，制定法律，实行政治监察，定位国家政治、经济和社会发展，修改宪法等。国会独立行使职权，拥有经济、管理和政治上的自主权。国会有权起诉在行使职权过程中违宪或犯罪的总统、议员、政府部长、宪法法庭成员、最高法院成员、最高检察官、护民官、审计署署长，即使在其停止行使职权 5 年后，国会依然有起诉权。

　　国会设有国会全会、国会领导委员会、国会发言人委员会、国会主席委员会、国会常委会、国会专门委员会。国会全会是国会的最高议事机构，由所有国会议员组成，全会根据宪法和相关法律规定行使职权。国会专门委员会包括：① 农业委员会；② 外贸和旅游委员会；③ 宪法和法规委员会；④ 消费者权益维护和公共服务监管委员会；⑤ 国防、公共秩序、替代发展和反毒委员会；⑥ 权力下放、地方化、地方政府和政府管理现代化委员会；⑦ 经济、银行业、金融和金融信息委员会；⑧ 教育、科学、技术、文化、文化遗产、青年和体育委员会；⑨ 能源和矿产委员会；⑩ 监察和审计委员会；⑪ 情报委员会；⑫ 司法和人权委员会；⑬ 妇女和社会发展委员会；⑭ 预算和国家总账目委员会；⑮ 小型、微型企业和合作社委员会；⑯ 安第斯、亚马孙及非裔秘鲁人事务、环境和生态委员会；⑰ 外事委员会；⑱ 卫生、人口、家庭和残疾人委员会；⑲ 社会保障委员会；⑳ 劳工委员会；㉑ 交通和通信委员会；㉒ 住房和建设委员会。

此外，大区、省、市／县的行政首脑和地方机构，均由本行政区域内的公民选举产生，任期 4 年，可以连选连任。

在中央和地方关系方面，秘鲁实行单一制度，但中央政府和地方政府可能分属不同政党，各大区、省、市等地方机构拥有较大的经济和行政自主权。各大区、省、市代表大会等地方机构和依法设立的其他市政机构，在各自的行政区域内行使行政管理权。

2　政治中心

秘鲁首都利马是全国的政治、经济、交通、文化和科研中心。南美太平洋沿岸大港卡亚俄港是该国最古老的城市，也是最现代化的城市，以其悠久的历史和迷人的风光每年吸引成千上万游客前来旅游观光。除国家博物馆、黄金博物馆、国立考古和人

秘鲁总统府坐落于利马武器广场

图片提供：达志影像

类学博物馆外，秘鲁著名旅游景点还有建于 1551 年的美洲历史上第一所大学、全秘鲁最有名的高等学府——圣马科斯大学，以及距离利马不远处的帕查卡马克、普鲁丘科和卡哈马基利亚三处古文化遗址等。1991 年，利马被联合国教科文组织列为人类文化遗产。

3　主要政党

2003 年 11 月，秘鲁颁布了《政党法》，2007 年开始实施，这是秘鲁历史上第一部关于政党的组建、活动和监督的法律。秘鲁的主要政党包括以下 6 个。

（1）秘鲁民族主义党（Partido Nacionalista Peruano）

新兴左翼政党。2005 年由奥扬塔·乌马拉创建，现为执政党。在贫困地区和城市弱势群体中拥有较高支持率。反对新自由主义发展模式，主张国家对经济进行适当干预，恢复国家对资源的掌控，但不实行国有化。旨在促进社会公正，提倡拉美国家团结和一体化。2010 年底同"红色祖国"、秘鲁社会主义党等传统左翼政党结成秘鲁胜利联盟，参加大选，并在第二轮投票中胜出。

（2）秘鲁阿普拉党（Partido Aprista Peruano）

秘鲁阿普拉党又称人民党。秘鲁最大的传统政党，党员有35.2 万人，多为中下层人士。1930 年由阿亚·德拉托雷创建。对内主张民主、自由和社会正义，反对独裁，主张调整新自由主义经济政策，准许多种所有制并存；对外主张捍卫国家主权，反对帝国主义干涉，促进拉美团结。1985 ~ 1990 年首次执政，2006 ~ 2011 年再度执政。2011 年因党内不和未能推出总统候选人，在议会选举中也失去大部分席位，影响力大为下降。

（3）人民力量党（Partido de Fuerza Popular）

2010 年藤森庆子为参加 2011 年大选创建新兴政党"2011力量党"，后改名为"人民力量党"。政治立场中右。该党尊崇民主和法制国家原则，主张建立公共秩序，保障公民安全。倡导平等和社会正义原则，积极应对贫困，促进本国和外国私人投资。2011 年该党推举的总统候选人藤森庆子在第二轮投票中以微弱劣势败选。但在议会选举中异军突起，成为最大反对党。

（4）基督教人民党（Partido Popular Cristiano）

秘鲁传统中右政党。1966 年由基督教民主党分裂而成，在秘鲁中上层特别是企业界影响较大。主张建设互助社会和提高共同福利。提倡尊重人权，建立和谐劳资关系，依靠私营企业发展经济，实施渐进式社会变革。1980 ~ 1984 年同人民行动党联合执政。2010 年 11 月同人道主义党、进步联盟、全国重建党组成伟大变革联盟参加大选。

（5）人民行动党（Partido Acción Popular）

1956 年由费尔南多·贝朗德等人在原"全国青年民主阵线"基础上创建。核心政治主张为民主、民族主义和革命。对内主张实行代议制民主和混合经济模式；对外强调独立自主和不结盟原则，支持拉美一体化。该党曾于 1963 ~ 1968 年、1980 ~ 1985 年两度执政，时任党主席贝朗德出任总统。

（6）秘鲁可行党（Posible Peruano）

1994 年成立，最初是由阿莱杭德罗·托莱多（Alejandro Toledo）为参加次年总统选举而创建。政治立场中右。尊重民主人权，主张以"人本主义"进行国家建设，通过持续的经济增长促进社会公平。认为私营经济是促进经济增长和技术创新的主体力量。2001 ~ 2006 年执政。2011 年托莱多参加总统选举，第一轮被淘汰后转而支持乌马拉领导的秘鲁胜利联盟。

4　主要政治人物

秘鲁现任总统奥扬塔·乌马拉·塔索（Ollanta Humala Tasso）于 1962 年 6 月 27 日出生，毕业于乔利略军校，退役陆军中校，曾在阿亚库巧省边防部队服役。1991 年参加政府军清剿反政府游击队"光辉道路"的军事行动。2000 年因领导兵变要求藤森政府下台而被捕入狱，后被国会特赦。2003 ~ 2004年先后任秘鲁驻法国使馆副武官和驻韩国使馆武官。2005 年 10月创建民族主义党。2006 年以民族团结党总统候选人身份参选，在第二轮选举中以微弱劣势败北。2011 年作为左翼秘鲁胜利联盟总统候选人参加大选，在 6 月 5 日第二轮选举中获胜。2011年 7 月 28 日就职，任期 5 年。

5　政治局势

2011 年 4 月，秘鲁举行大选。6 月 5 日，左翼秘鲁胜利联盟候选人乌马拉在第二轮投票中赢得 51.45% 的选票，当选为总统，并于 7 月 28 日就职。乌马拉执政以来，选择温和中间道路。总体延续了前几届政府的经济政策，加大公共投入，促进经济增长，提倡社会融合，加大民生投入，消除贫困，推动经济和社会同步发展；完善政府官员评估和司法监督机制，严厉打击腐败、偷税漏税、洗钱、贩毒等各种犯罪行为。目前，秘鲁政局保持稳定。

特别提示

★ 秘鲁经济发展不平衡，贫富差距较大。贩毒、走私问题严重，偷盗、抢劫等案件频发，特别是在利马等大城市，持枪抢劫、绑架和凶杀等恶性案件时有发生。

★ 秘鲁法律规定，符合条件的个人经批准可持有枪支，
　但民间绝大多数枪支未经登记。

扩展阅读：秘鲁的非法武装

"光辉道路"（Sendero Luminoso）

　　"光辉道路"是秘鲁最主要的反政府武装组织，
1970 年由从秘鲁共产党分裂出来的古斯曼等人组成。
成员主要是青年知识分子，组织严密，曾拥有数千人
的游击队组织，其中武装人员数百人。在 20 世纪 80
年代至 90 年代初制造多起恐怖暴力事件，包括劫狱、
爆炸、绑架、暗杀地方官员、袭击警察所、冲击执政
党总部等。自 1982 年底起，政府派大批军警围剿，该
组织受到较大损失。1992 年该组织创始人古斯曼被捕，
并最终被判处终身监禁，"光辉道路"开始瓦解。此
后，"光辉道路"的其他领导人也先后被捕入狱。虽然
还开展零星的行动，但作为一个组织，"光辉道路"已
经成为历史。

"图帕克·阿马鲁革命运动"（Movimiento Revolucionario Tupac Amaru，MRTA）

　　1984 年由若干个激进的反政府组织合并而成，以
1780 年反西班牙殖民统治的印第安人起义领袖图帕

克·阿马鲁的名字命名。人数在千人左右，主要活动于东部热带林区。该组织主张走古巴革命的道路，通过武装斗争推翻政府。组织成员行动时均戴面罩，仿效大侠罗宾汉，劫富济贫。它的活动规模和频率不及"光辉道路"，但同样给社会造成极大的危害。1990年藤森当选总统后，与游击队展开坚决斗争，先后颁布了《自首法》和《严惩恐怖分子法》，"图帕克·阿马鲁革命运动"遭到毁灭性打击，1992年6月10日，其最高领导人珀雷被判刑入狱。1996年12月17日，近20名"图帕克·阿马鲁革命运动"武装分子乘日本驻秘鲁使馆为庆祝日本天皇63岁生日举行招待会之机冲进大使官邸，扣押600多名人质，人质中除日本大使外，还包括巴西、玻利维亚、韩国和古巴等国驻秘鲁大使。他们要求政府释放其领导人，制造了举世震惊的"人质危机"。最终人质全部获救，武装分子全部被击毙。

三 行政结构

1 行政区划

秘鲁全国共有一级行政区（大区级）25 个（包括 1 个直属省——卡亚俄省），二级行政区（省级）195 个，三级行政区（市 / 县级）1832 个。

2 主要行政机关

根据秘鲁现行宪法，国家公务由部长会议负责领导和实施，部长会议由各部部长组成。总统主持部长会议并任命内阁。部长会议设主席一人，行使总理职权。部长会议的职权如下：批准总统提交议会的法律草案；批准总统发布的立法政令和紧急政令，以及法律规定的政令和决议；审议有关国家利益的事项；行使宪法和法律授予的其他职权。内阁现有 18 个部门：外交部，国防部，经济财政部，内政部，司法部，教育部，卫生部，农业部，劳动和就业促进部，生产部，外贸旅游部，能源矿产部，交通通信部，住房、建设和环卫部，妇女和弱势群体部，环境部，文化部及发展和社会融入部。现任部长会议主席为莱内·科尔内霍（Rone Cornejo）。

在地方上，由大区区长、省长、市 / 县长代表统一的国家行使职权。各部也根据本部门的需要在全国设立下属机构。

3　法律构成

秘鲁的法律系统基本上由 3 部分组成，即宪法、1904 年以后陆续颁布的法律和法律下的各种具体法规。1993 年宪法是法律构成的基础，一切法律以宪法为准绳。法律制定以下列多种形式出现：国会法律、行政法规、政府授权性立法、政府规定、部长决定等。除上述基本构架外，秘鲁还有以下法律法规：①地方法律，该类法律由地方议会颁布，系一般性法律；②紧急法规，系 1993 年秘鲁宪法第 118 条授权国家行政机构颁布的法律；③特别最高法规，系根据 1979 年宪法第 211 章第 20 节之规定所颁布的法律。法律法规通常由政府在官方日报《秘鲁人报》上正式颁布。

4　主要司法机构

秘鲁实行司法独立，司法机构为各级法院。法院分最高法院、高级法院、一审法院和调解法院四级。各级法官均通过全国或地方法官委员会考核推荐，由总统任命。最高法院院长从大法官中选举产生，任期 2 年。现任最高法院院长为恩里克·门多萨（Enrique Mendoza）。

最高法院在全国行使管辖权，高级法院在各省行使管辖权，民事、刑事、劳资、土地和未成年人一审法院在各州行使管辖权，调解法院在各县行使管辖权。各级机构在行使管辖权时均享有自主权。

最高法院是国家最高司法机关，对高等法院审理的案件或依法上诉到它的案件做最终判决，同时也受理依照军法审理的案件并做最终判决。最高法院院长也是国家司法权的最高长官。

全国法官委员会（Consejo Nacional de la Magistratura）由最高法院、检察官委员会（Junta de Fiscales）、国家各法官学院、其他专业学院和大学委派的代表组成。全国法官委员会为独立机构，行政权和立法权均不得干预，其职责是挑选和任命全国法官和检察官。委员会的组织和活动由法律规定。委员会可在任何有需要时举行会议。最高法院负责调查法官任职的表现。必要时最高法院可对法官实行制裁。最高法院保障法官辩护的权利。必须事先经过行政手续做出决议后方可对法官予以免职。最高法院每年公开报告履行此项职责的情况。

国家检察院（Ministerio Publico）由检察官组成，由国家检察长领导。检察院为独立机构，其主要职责是促进司法行动以维护法制和公共利益，监督法官的独立性和公正性，在司法程序中代表社会。行使宪法和法律为其规定的其他职权。检察官也由全国法官委员会任命。检察长由最高检察团选举产生，任期 3 年，可连选连任一次，但第二任期不得超过 2 年。现任国家检察长为卡洛斯·阿梅里科·拉莫斯·埃雷迪亚（Carlos Américo Ramos Heredia）。

审计署为独立机构，审计署署长由政府提名，国会任命，任期 7 年。现任国家审计署署长为福阿德·埃里亚斯·科里（Fuad Elías Khoury）。

四   外交关系

1   外交原则

秘鲁奉行独立自主的外交政策，强调外交为经济发展服务。主张在国际事务中遵循《国际法》、《联合国宪章》和《美洲国家组织准则》，维护国际和平与安全。支持联合国改革，主张加强联合国的权威。重视同美国的关系，积极发展同拉美国家的关系，支持地区团结和一体化，反对地区军备竞赛，努力拓展同欧盟及亚太国家的关系。现与130多个国家保持外交关系。

秘鲁是77国集团、15国集团、里约集团、南美国家联盟、安第斯国家共同体、太平洋联盟、拉美一体化协会、太平洋经济合作理事会、亚太经济合作组织、南太平洋常设委员会等国际和地区组织的成员国（成员）。

2   大国关系

（1）与美国的关系

秘美于1826年建交。美国是秘鲁最大的贸易伙伴之一，也是秘鲁外资的主要来源国之一。2006年4月，两国签署自由贸易协定，于2009年1月生效。2011年，秘鲁总统乌马拉、部长会议主席莱内尔等访美。美国副国务卿伯恩斯、南方司令部司令弗雷泽及众议院代表团访问秘鲁。2012年，美国主管西半球事务的助理国务卿罗伯塔·雅各布森、美国国防部部长帕内塔、国务卿希拉里·克林顿分别访问秘鲁。2013 年 6 月，乌马拉总统对美国进行工作访问。11 月，秘鲁外长里瓦斯访问美国。

（2）与加拿大的关系

秘鲁与加拿大的外交关系建立得较晚，1994 年加拿大第一任大使向秘鲁总统递交国书。20 世纪 90 年代加拿大加入美洲国家组织后，两国关系发展较快。加拿大是秘鲁重要的投资伙伴。2008 年，两国完成自由贸易协定谈判，同年 5 月 29 日，双方签署了自由贸易协定。2003 年秘鲁对加拿大出口 1.35 亿美元，进口 1.12 亿美元。截至 2003 年底，加拿大向秘鲁直接投资 1.6 亿美元，占秘鲁全部外国直接投资的 1.29%，主要投向矿业和能源部门，其次是电力、通信、银行、服务和贸易部门。此外双方还在文化、教育等领域开展合作。

（3）与俄罗斯的关系

苏联解体后，秘鲁与俄罗斯保持一般外交关系。2007 年俄罗斯国家杜马副主席佩赫京、外长拉夫罗夫分别访问秘鲁。2008 年，俄罗斯总统梅德韦杰夫对秘鲁进行国事访问。乌马拉上台后，重视与俄罗斯的关系。2014 年 4 月底，乌马拉总统会见了来访的俄罗斯外长拉夫罗夫。

（4）与日本的关系

秘鲁是拉美国家中接受日本援助最多的国家。2011 年，秘鲁同日本签署经济伙伴协定，2012 年 3 月正式生效。2012 年 5 月，乌马拉总统对日本进行首次正式访问。2013 年乌马拉总统会见来秘参加两国建交 140 周年活动的日本首相特使西村康敏议员。2014 年 1 月，日本文仁亲王夫妇访问秘鲁。

（5）与拉美国家的关系

　　秘鲁重视同拉美地区内国家特别是邻国的关系，把发展与拉美国家的关系放在外交政策的首位。2011 年执政伊始，乌马拉总统先后出访巴西、乌拉圭、巴拉圭、阿根廷、智利、玻利维亚、厄瓜多尔、哥伦比亚、委内瑞拉、墨西哥和古巴等国。智利、阿根廷、厄瓜多尔等拉美多国元首出席乌马拉总统的就职仪式。秘墨同巴拿马、哥斯达黎加签署自贸协定。2012 年，乌马拉总统访问委内瑞拉、智利、阿根廷，在出席联合国可持续发展大会暨里约峰会期间与巴西总统罗塞芙举行会晤，与厄瓜多尔总统科雷亚共同主持第 6 届两国内阁部长联席会议。2012 年，秘鲁和墨西哥、巴拿马签署的自贸协定正式生效，秘鲁正式以地区观察国身份加入中美洲一体化体系（SICA）。2013 年，乌马拉总统访问古巴，赴委内瑞拉出席查韦斯总统的葬礼和马杜罗总统的就职仪式，赴智利出席首届拉共体—欧盟首脑会议和首届拉共体首脑会议，赴苏里南出席南美国家联盟第 7 次首脑峰会，与墨西哥、哥伦比亚和智利三国元首共同召开拉美太平洋联盟第 6 届首脑会议，并会见到访的巴西总统罗塞芙、厄瓜多尔总统科雷亚。2014 年 1 月，乌马拉总统赴古巴出席第 2 届拉美加勒比共同体峰会。2 月，乌马拉赴哥伦比亚卡塔赫纳出席太平洋联盟第 8 次首脑峰会，并对哥伦比亚进行正式访问。3 月，乌马拉赴智利出席智利总统的权力交接仪式。7 月，乌马拉访问墨西哥，同墨西哥总统培尼亚进行会谈，双方签署安全、气候变化、教育、旅游等领域的 10 项合作协议。

（6）与欧盟的关系

欧盟是秘鲁重要的贸易伙伴和外资来源地之一，是秘鲁农产品和渔业产品的传统出口市场。2010 年 5 月，欧盟与秘鲁结束自由贸易协定谈判，2011 年，秘鲁同欧盟签署自由贸易协定。该协定于 2013 年 3 月 1 日正式生效。2014 年 2 月，欧盟议会通过了秘鲁国民赴欧短期旅行申根签证免签的决议。据官方公布的统计数据，2007 ~ 2013 年，欧盟已向秘鲁提供了1.35 亿欧元，用于资助秘鲁的缉毒工作和经济社会发展。2012年，秘鲁与欧盟的贸易总额达 129.43 亿美元，其中秘鲁对欧盟出口总额为 77.45 亿美元，进口总额为 51.98 亿美元。

2014 年 7 月 21 日，欧盟发展事务委员皮耶巴尔格斯访问秘鲁，并宣布欧盟将在 2014 ~ 2017 年向秘鲁提供 9800 万欧元。其中的 6600 万欧元主要用于秘鲁的农产品出口以及多边贸易协定的实施，其余 3200 万欧元用于减少毒品的生产、贩运和非法消费，通过推动可持续、合法的经济活动消除古柯种植地区的贫困。

3 主要国际参与

秘鲁奉行独立自主、不结盟的外交政策。主张加强地区组织的作用，务实地参与地区合作。早在 20 世纪 60 年代，秘鲁就与拉美六国签署了《蒙得维的亚条约》，随后成立拉美自由贸易协会。1980 年 8 月正式成立拉美一体化协会。1969 年，秘鲁与玻利维亚、哥伦比亚、智利和厄瓜多尔共同签署《安第斯区域一体化协议》，同年 10 月协议生效，并改名为"安第斯条约组织"，1996 年更名为"安第斯共同体"。2013 ～ 2014 年，秘鲁担任安第斯共同体轮值主席国。1975 年，秘鲁加入拉丁美洲经济体系。2004 年，秘鲁加入南美国家共同体，后更名为"南美洲国家联盟"。2011 年 4 月 28 日，秘鲁、墨西哥、智利及哥伦比亚四国总统在秘鲁首都利马举行峰会，签署《太平洋协定》，宣布成立拉美太平洋联盟。2012 年，秘鲁正式以地区观察国身份加入中美洲一体化体系。秘鲁主张大国平衡，重视与美国、中国、日本、加拿大以及欧盟的关系。积极参与国际事务，重视不结盟运动和南南合作。1971 年 10 月在利马举办 77 国集团第 2 次会议，通过《利马宣言》。1997 年、2010 年先后举办第 27 届、第 40 届美洲国家组织大会。1998 年，秘鲁成为亚太经济合作组织成员国。2012 年 10 月，在利马举行第 3 届南美—阿拉伯国家首脑会议，签署《利马宣言》。2013 年 8 月，第 2 届亚太经济合作组织（APEC）林业部长级会议在秘鲁库斯科召开。2014年《联合国气候变化框架公约》第 20 次缔约方会议暨《京都议定书》第 10 次缔约方会议在利马举行。2015 年 7 月 1 日，太平洋联盟第 10 届领导人峰会在秘鲁帕拉加斯召开。

4 与主要国际组织的关系

（1）与联合国的关系

秘鲁重视联合国在处理国际事务中的重要作用，认为增强

联合国的权威和合法地位具有根本性的意义，主张在加强多边
体系与尊重国际法的框架内应对世界的挑战，主张加强在反毒、
反恐、反腐和消除贫困等领域的国际合作。支持联合国改革，
以便世界各国一致地应对和平、安全和发展方面的新挑战；希
望联合国安理会通过扩大成员变得更具代表性和更加民主；希
望加强联合国经济社会理事会的作用。秘鲁签署了联合国的 12
项反对恐怖主义的国际文件。

（2）与亚太经济合作组织的关系

秘鲁是亚太经济合作组织成员，积极发展与亚太国家的关
系，积极参与亚太经济合作组织事务及跨太平洋战略经济协定的
谈判。支持推动亚太自贸区建设，支持多边贸易体制。2008 年，
亚太经济合作组织第 16 次领导人非正式会议在利马举行，会议
发表《利马宣言》和关于全球经济的声明，各成员就世界经济金
融形势、多哈回合谈判、粮食安全、能源安全、区域经济一体
化、企业社会责任、气候变化、防灾减灾等问题达成共识。

受益于亚太经济合作组织关税削减政策和成员之间的贸
易协定等一系列推动贸易便利化的举措，秘鲁经济大大发展。
1998 年以来，秘鲁同亚太经济合作组织各经济体之间的贸易额
增长了 561%。

（3）与美洲开发银行的关系

美洲开发银行在秘鲁的经济发展、社会生活、卫生、教育、
环境保护等方面扮演着重要角色。美洲开发银行的经济援助项
目，推动了秘鲁政府社会保障项目的实施，助推了秘鲁减贫目
标的实现。2003 年以来，美洲开发银行为秘鲁 6000 多所学校

的建设和改造项目提供了资金支持，为秘鲁 3500 多个医疗中心和医院无偿提供医生及医疗设备，并为秘鲁贫困地区的居民无偿提供了 2400 套住房。2013 年，美洲开发银行向秘鲁提供了 4.5 亿美元贷款，用于促进环境的可持续发展、增强竞争力、加快基础设施建设、促进社会包容及国家现代化建设等。

秘 鲁
PERÚ

第三篇
经济状况

秘 鲁
PERU ···

一　能源资源

1　主要能源及分布

秘鲁是拉美国家中石油业起步最早的国家。截至 2012 年，秘鲁石油探明储量为 6.329 亿桶。20 世纪 50 年代，秘鲁西北部塔拉拉老油田即拉布雷亚－帕里尼亚斯油田由美资国际石油公司开采。1968 年成立秘鲁国营石油公司。20 世纪 90 年代后期，根据藤森政府制定的市场经济政策，国家退出经济活动，将企业转给私人部门经营，秘鲁石油公司分解成 9 个有自主经营权的单位并实行了私有化。1993 年 8 月，政府颁布《石油组织法》，规定石油部门各种生产活动对本国和外国私人投资开放，以便吸引急需的资金和技术来增加储备和产量。截至目前，中石油秘鲁分公司在塔拉拉油田和雨林地区进行石油开采活动超过 20 年。

秘鲁石油产量尚不能满足国内需求，但国产原油也对外出口。秘鲁石油多为质量较差的重油，在出口重油的同时，需要大量进口轻油。目前，秘鲁日均消费原油 20.5 万桶，但本土产量仅为 6.3 万桶，余下的部分全部依赖进口。据秘鲁国家信息统计局（INEI）的数据，2012 年秘鲁油气产量为 7448 万桶，石油产量为 5599 万桶。

秘鲁天然气已探明的储量为 4358.2 亿立方米，液态天然气储量为 7.898 亿桶。20 世纪 80 年代后期发现的卡米赛亚天然气田，储量估计为 3400 亿立方米天然气和 7 亿桶液态天然气，相当于 24 亿桶石油，预计可满足秘鲁 40 年的能源需求。秘鲁天然气在满足国内消费需求的基础上，2010 年首次实现出口。

　　煤炭已探明储量为 11 亿吨，2011 年煤产量为 16.4 万吨。

2　主要资源及分布

（1）矿产

　　秘鲁有着极其丰富的矿产资源，是世界 12 大矿产国之一，矿产总量居世界第 7 位。主要有铜、锌、铅、铀、汞、金、钼、银、锡、铁、铋、钒、石油、天然气及煤、磷块岩、重晶石、硼酸盐等。其中银储量居世界第 1 位，铜储量居世界第 2 位，锌、锡、铋等的储量居世界第 3 位，铅、金、铁等的储量也居世界前列。

　　秘鲁金属矿物主要集中于中部安第斯山区。铀主要分布在东南部普诺省的马库萨尼 – 克鲁赛罗、西南部阿亚库乔省的坎加略、纳斯卡等；铜主要分布在阿雷基帕、万卡维利卡、胡宁、安卡什、利马、库斯科、塔克纳等地；铅主要分布在中北部胡宁、帕斯科、安卡什、利马、瓦努科等省内的东、西安第斯山脉间；银主要分布在中部和南部的安第斯山脉；原生金主要分布在卡哈马卡省（亚纳科查）、阿雷基帕省（凯约马、奥尔科潘帕、查帕）、普诺省（圣多明各、阿纳内阿）和圣马丁省（布尔迪布约）等地；钼主要分布在秘鲁北部、中部和南部 3 个铜矿带中，南部铜矿带含钼量较高；铁矿石主要分布在伊卡省马尔科纳、阿雷基帕省阿卡里及安第斯山区；锡主要分布在普诺

秘鲁卡哈马卡省亚纳科查的露天金矿

图片提供：达志影像

省；磷块岩主要分布在西北部的皮乌拉省。

（2）植物

由于丰富的地理和气候形态，秘鲁境内的生物极其多样。1993 年正式生效的《生物多样性公约》确定，秘鲁是地球上突出的生物多样性国家之一，"在世界生物多样性国家名单中占有显赫地位"。它拥有多种动植物，在世界上已知的 104 个生物区中秘鲁拥有 84 个。截至 2003 年，共发现 5855 种特有的动物和植物。秘鲁共有 5 万种植物，占世界总数的 20%，居世界第 1位，其中野生植物有 1200 种。

植物资源多样性在亚马孙河流域尤为突出，在秘鲁 182 种农作物中，有 85 种属于亚马孙河流域的作物；在秘鲁 782 种食用植物中，70% 产自亚马孙林区；在秘鲁 1400 种药用植物中，有890种产自亚马孙河流域。

秘鲁的森林覆盖率达58%，面积达7780万公顷，木材蓄积量达222亿立方米。在南美洲仅次于巴西居第2位，在世界居第7位。90%的森林集中在亚马孙热带雨林地区，占地超过7000万公顷。东部亚马孙林区完全为热带雨林所覆盖，是世界上林业资源最丰富的地区之一，已经分类的植物超过2万种。主要树种有拉美破布木、轻木、棕榈树、可可树、贾如树、石榴树、塞蒂科树、红花山芝麻、鲁普纳树、人心果树、雪松和桃花心木等。稀有的树种有角豆树、瓦拉戈树等。秘鲁林业产品的供应尚不能满足国内需求，每年需要进口3亿多美元的木材产品。出口木材及其产品仅为2亿多美元。

传统农产品有咖啡豆、棉花、玉米、水稻等。非传统农产品以经济作物为主，主要有芦笋、甘蔗、辣椒、洋蓟、杧果、油梨、葡萄等。粮食作物主要用于国内消费，经济作物主要用于出口。

除常见的植物外，秘鲁还拥有多种独具特色的植物资源，如藜麦，又称印卡小麦，另外还有印加果、玛卡等特色作物。

（3）动物

秘鲁的野生动物资源非常丰富，尤以东部亚马孙林区最为丰富。有14712种野生动物，其中8000种是目前世界上绝无仅有的。最常见的哺乳动物有羊驼、骆马、美洲狮、美洲豹、鹿、野猪、"蒂戈利略"、黑猴、被称为"乔罗"（Choro）的吼猴、"万加纳"（Huangana）等。最大的哺乳动物是貘，西班牙语叫"塔皮尔"（Tapir）或"萨查巴卡"（Sachavaca），也

秘鲁奇瓦伊地区奔跑的羊驼
图片提供：达志影像

叫"山牛"（Vaca de Monte）。这种动物体型硕大，体重可达200公斤，其肉味道鲜美。禽类主要有大嘴鸟、草鹭、石鸡、鹬鸡、野鸭和野鸡。

（4）渔业资源

秘鲁海岸线长，沿海水温适于鱼类繁殖，渔业资源十分丰富。秘鲁洋流（或称洪堡洋流）为海洋浮游生物创造了极为有利的物理、化学和生态条件，因此秘鲁成为世界上水产资源最丰富的国家之一。据统计，秘鲁共有800多种水生资源，深水鱼类有无须鳕鱼、石斑鱼（热带鲈鱼）等。

除海洋渔业外，秘鲁的淡水资源也十分丰富，有各类湖泊12200余个，其中11670个尚待开发。捕获的鱼类以制造鱼粉和鱼油为主（约占90%），食用为辅。

　　鱼粉是秘鲁第四大出口产品，2013 年鱼粉出口总额为 13.77 亿美元。中国仍是秘鲁鱼粉主要的出口市场，在 2013 年占其 63% 的市场份额，其他重要的市场是德国（10%）和智利（7%）。

二 基础设施

1 重要交通设施

（1）陆路运输

秘鲁的交通运输以公路为主，公路货运量占全国运输总量的 80%。现有公路总里程 7.85 万公里，其中国道 1.7 万公里，省道 1.46 万公里，市镇级公路 4.69 万公里。在公路总里程中柏油路 1.1 万公里，其中国道 857 公里，省道 1240 公里，市镇级公里 976 公里。秘鲁共有约 300 公里的高速公路，主要集中在从首都利马向泛美公路南、北两端延伸的部分路段。秘鲁的主要公路是纵贯南北的泛美公路和横跨东西的中央公路。目前，秘鲁的公路营运权已经售出了很大一部分。2013 年，全国机动车保有量合计约 420 万辆。

（2）铁路运输

秘鲁是南美最早拥有铁路的国家，早在 1851 年就建成了第一条利马至卡亚俄的铁路，全长 13.7 公里。19 世纪下半叶到 20 世纪初，又兴建了一些铁路。但此后受地理条件和经济原因的制约，没有再建新的铁路。2013 年铁路总里程为 1929公里，主要有中部铁路、南部铁路和东南部铁路，全部为私营。秘鲁铁路长期疏于维护和维修，设备老化严重，行车速度很慢，主要用于山区农产品和矿产品运输。南部铁路主要用于旅游客运。秘鲁铁路在国内交通运输体系中实力是最弱的。2013 年客运量仅为 215 万人次，货运量为 766.7 万吨。

在地铁建设方面，利马地铁 1 号线第一期已投入运营。建设该项目的是秘鲁的 Graññay Montero 公司和巴西的 Odebrecht 工程公司。获得该项目运营权的是秘鲁的 Graññay Montero 公司和阿根廷的 Ferrovías 公司。特许经营权期限为 30 年。该地铁从 2012 年 4 月正式投入运营。

2014 年，秘鲁政府和利马新地铁联合体（Consorcio Nuevo Metro de Lima）签署了利马地铁 2 号线项目特许经营合同。根据合同条款，该项目计划于 2016 年开工，2019 年 5 月竣工，特许经营时限为 35 年，项目总投资额为 56.58 亿美元，政府出资 36.95 亿美元。该项目将连接利马市的阿特（ATE）区和卡亚俄市，穿过利马市中心，并有支线通往利马国际机场，长约 35 公里，建成后将成为利马东西客运交通的大动脉。

（3）航空运输

秘鲁位于南美洲中部，濒临太平洋，是南美地区空运的枢纽。秘鲁有机场 66 个，其中国际机场 5 个。国际航线可通往美国多个城市、欧洲部分国家和拉美各主要国家。主要的国际机场有豪尔赫·查维斯机场和阿雷基帕机场、奇克拉约机场、伊基托斯机场、库斯科机场等。2013 年客运量为 1578.96 万人次。

在秘鲁，基本上所有的机场都是由私营企业来经营的。2001 年，首都利马机场出售给法兰克福机场管理公司，经营管理水平得到极大提高，2009 ~ 2014 年连续 6 年被选为"南美最佳机场"。

中国与秘鲁尚未开通直达航线，前往秘鲁可经美国（纽约、

洛杉矶等）、荷兰（阿姆斯特丹）、法国（巴黎）、西班牙（马
德里）等国中转。秘鲁国内航线密集，出行方便。

（4）水路运输

秘鲁濒临太平洋，内陆河网纵横，水路交通条件较好。秘
鲁共有 24 个港口，其中海港 19 个、河港 4 个、湖港 1 个，水
运比较发达，外贸主要依靠海上运输。但是随着秘鲁经济连续
多年快速增长，对外贸易规模大幅扩大，其现有港口越来越难
以满足需求。

据秘鲁国家港务局（APN）统计，2012 年 12 月进港船只
为 1444 艘，其中 820 艘为内河港口船只，624 只通过海港进
入。其中，伊基多斯港运送了全国 37.3% 的货物，吞吐量在全
国各大港口中居首位。

主要港口有卡亚俄、派塔、钦博特、伊洛、萨拉维里等，
其中卡亚俄港被称为南美地区太平洋沿岸最重要的港口，设备
比较先进，管理比较规范，现代化程度较高。

2　重要通信设施

（1）通信设施

秘鲁鼓励外商投资，电信业私有化之后，电信市场几乎全
部为跨国电信运营巨头所垄断，主要为西班牙的 Telefonica 集
团（Movistar 公司）与墨西哥的 AM 集团（Claro 公司），同
时美国 NII 集团（Nextel 公司）也进入了秘鲁电信细分市场，
Nextel 公司后来被智利的 Entel 公司收购。这三大运营商基本

上垄断了秘鲁的电信市场。

秘鲁的城市手机普及率很高，但在郊区和农村，电信服务覆盖率较低。2013 年，秘鲁家庭的移动电话普及率为 82%，固定电话普及率近年来呈下降趋势，2013 年逐渐降为 28.6%，有线电视普及率为 33.6%，电脑普及率为 32%。

秘鲁的通信条件一般，拨打国内和国际长途电话虽然较便利，但通话质量一般，且话费较高。

（2）电力设施

据秘鲁能源和矿业部报告，截至 2012 年底，秘鲁电力装机总量达 9700 兆瓦，其中水电占 48%，火电占 52%。全国电网最大电力需求是 4961 兆瓦，其中水电占 55%，天然气发电占 39%，柴油发电占 3%，生物质能发电和沼气发电只占 0.3%。2012 年，秘鲁全国总发电量达 41036 吉瓦时，比 2011 年增长 5.8%。94% 的发电量进入电力市场，其中 58% 来自水力发电，热力发电占 42%。2011 年，电力最终用户为 540 万，消费电力共 31790 吉瓦时，同比增长 7.5%。

随着秘鲁矿业和制造业的快速发展，电力供应不足的问题已在局部地区显现。目前，秘鲁积极与巴西、智利和厄瓜多尔等周边国家就电网互联互通展开协商合作。2013 年 11 月，秘鲁与厄瓜多尔签署一项协议，双方同意建设一条 500 千伏的输电线来整合两国电网。

（3）互联网设施

据秘鲁国家统计信息局（INEI）发布的统计报告，2013 年秘鲁家庭互联网普及率为 22.1%，比 2012 年提高了 1.9 个百分点。Claro 在 2007 年 7 月获得 3G 牌照，并于 2008 年 4 月率先开通 3G 服务；Telefonica 集团和 Nextel 公司也在 2009 年获得 3G 牌照并于 2010 年开通 3G 业务。随着 4G 时代的到来，Telefonica 于 2013 年 7 月率先取得 LTE 牌照，并于 2014 年 1 月开通 LTE 业务；Nextel 于 2013 年 7 月底取得 LTE 牌照，2014 年下半年投入商用；Claro 仍处于筹备阶段。当前，秘鲁移动宽带、智能终端上网业务正迅速普及。

三　国民经济

1　宏观经济

（1）概述

近年来，秘鲁经济快速增长。2010 年秘鲁国内生产总值（GDP）增长 8.9%，2011 年增长 6.9%，2012 年增长 6.3%，2013 年增长 5.02%，2014 年增长 2.35%，连续 15 年持续增长。

2014 年，秘鲁私人投资占国内生产总值的 21%，公共投资占 5.6%。截至 2014 年 12 月底，秘鲁外汇储备为 623 亿美元，约占当年国内生产总值的 1/3，略低于 2013 年同期的 656 亿美元。2014 年秘鲁通货膨胀率为 3.2%，略高于政府 3% 的调控目标。

2014 年，面对欧美经济危机等外部不利因素，秘鲁经济表现良好，政府政策稳定得力，国际投资评级机构纷纷上调其主权信用评级。

（2）国际收支

秘鲁中央储备银行（BCRP）的数据显示，秘鲁 2011 ~ 2013 年的国际收支一直保持盈余，其中 2012 年最优，盈余达 148.1 亿美元。2014 年，随着国际大宗商品价格下降，秘鲁出口乏力，贸易盈余扭转为贸易赤字，拖累国际收支。秘鲁 2014 年国际收支赤字为 21.78 亿美元，其中外贸赤字为 80.3 亿美元，金融账户盈余 68.28 亿美元，额外融资 1000 万美元，呆坏账及错误 9.86 亿美元。

（3）外债

2014 年秘鲁公共债务累计达 437.6 亿美元，占 GDP 的 20%，比上年的 19.6% 增加 0.4 个百分点。秘鲁政府曾设立目标，力争使 2003 ～ 2011 年公共债务占 GDP 的比例从 46.9% 下降至 21.2% 的良好可控水平，目前已提前实现目标。2014 年秘鲁政府外债占 GDP 的 43.6%，其中短期公共和私人外债占 31.8%，中长期公共外债占 11.8%。秘鲁外债来源主要有发行主权债券、从国际多边组织借款、从巴黎俱乐部国家借款（以从日本、德国借款为主）以及从商业银行借款等。在多边组织中，秘鲁主要从泛美开发银行和世界银行借款。

（4）财政收支

秘鲁中央储备银行的数据显示，2014 年秘鲁中央政府财政收入为 415.7 亿美元，其中税收收入为 363.2 亿美元，总体税负（税收占国内生产总值的比重）达 16.6%，为 33 年以来最高，非税收收入为 52.5 亿美元，占 GDP 比重为 2.4%。在税收收入中，增值税收入为 192.5 亿美元，利润税收入为 153.2 亿美元，进口关税收入为 6.6 亿美元。

秘鲁中央储备银行的数据显示，2014 年秘鲁中央政府财政支出为 428.8 亿美元。

秘鲁中央政府财政收支情况（2011 ~ 2014 年）

单位：%

项目 ＼ 年份	2011 年	2012 年	2013 年	2014 年
收入占 GDP 比重	18.8	19.1	18.9	19
支出占 GDP 比重	17.8	17.9	18.6	19.6
赤字率	+1	+1.2	+0.3	−0.6

资料来源：秘鲁中央储备银行。

2　贸易状况

（1）贸易发展

秘鲁奉行自由贸易政策。根据秘鲁海关税务总局的统计，2014 年秘鲁货物进出口总额为 807 亿美元，比 2013 年同期（下同）下降 5.6%。其中，出口额为 385 亿美元，同比下降 9.61%；进口额为 422 亿美元，同比下降 2.5%。贸易逆差为 37 亿美元，同比下降 429%。

（2）贸易伙伴

秘鲁的主要贸易伙伴有中国、美国、巴西、加拿大、瑞士等。

（3）贸易结构

秘鲁主要出口矿产品和石油、农牧产品、纺织品、渔产品、化工产品、汽车零件、机器、工业设备、办公设备、家用五金等。进口产品主要是资本货物、原材料、消费品、原油等。

（4）辐射市场

秘鲁积极参与全球多双边贸易机制，以此扩大对外贸易市场并营造良好的贸易环境。据秘鲁外贸旅游部公布的信息，截至 2013 年底，秘鲁对外签署的自贸协定及类似协议已达 19 个，其中已经生效的有 17 个，涵盖以下经济体：安第斯共同体（除秘鲁外还包括哥伦比亚、玻利维亚和厄瓜多尔）、南方共同市场（巴西、阿根廷、乌拉圭和巴拉圭）、美国、智利、加拿大、新加坡、中国、韩国、墨西哥、泰国、日本、巴拿马、欧盟、哥斯达黎加、古巴和委内瑞拉等。与以上国家和地区的贸易额已占到秘鲁外贸总额的 80% 以上，秘鲁自贸建设成绩在全球属领先水平。

秘鲁于 1951 年加入关贸总协定，1995 年 1 月以创始成员身份成为世界贸易组织成员。

秘鲁参加多个区域贸易协定。秘鲁是安第斯共同体成员，与该区域集团成员之间签订了共同关税协定，秘鲁产品可以零关税进入成员国家市场。秘鲁与南方共同市场、墨西哥和智利之间签订了经济互补协定，成员之间给予优惠关税待遇。秘鲁还是亚太经合组织成员，它与该组织其他经济体的贸易额占其对外贸易额的 60% 以上。同时，秘鲁还是跨太平洋伙伴关系（TPP）的成员国和太平洋联盟（包括秘鲁、墨西哥、智利和哥伦比亚）的发起国。

秘鲁已与美国、智利、加拿大、新加坡、中国、韩国、墨西哥、泰国、日本、巴拿马、欧盟、哥斯达黎加、古巴和委内瑞拉等签署自贸协定。同时，与危地马拉和太平洋联盟的自贸协定也已签署。2013 年 3 月 1 日，秘鲁与欧盟自由贸易协定生效。2015 年 5 月，秘鲁与洪都拉斯签署了自由贸易协定。此外，秘鲁还启动了与萨尔瓦多、土耳其的自贸协定谈判。

秘鲁还是欧盟提供关税优惠的受惠国。根据 2012 年 11 月欧盟委员会公布的新的普惠制（GSP）方案，秘鲁被列为普惠制第二类国家，自 2014 年 1 月 1 日至 2023 年 12 月 31 日，对秘鲁等 40 个低收入和中低收入国家的进口产品的税率在最惠国税率基础上降低 3.5%。

秘鲁位于南美洲中部，系南美洲海陆空交通枢纽，市场辐射巴西、智利、哥伦比亚、厄瓜多尔、玻利维亚、委内瑞拉等国。

（5）贸易主管部门

秘鲁主管对外贸易的政府部门主要是对外贸易和旅游部、海关总署。此外，外交部、农业部和卫生部等也对相关产品进出口拥有一定的管理权。对外贸易和旅游部的主要职责是制定相关政策，领导、协调和监督对外贸易、旅游和手工业发展。海关总署主要负责货物、运输工具、人员等的出入境管理和关税征管。

（6）贸易法规体系

秘鲁与贸易相关的主要法律有：第 1053 号法令《海关总法》、第 1036 号法令（关于设立对外贸易一站式办公服务窗口）、第 1035 号法令（关于适用与贸易有关的投资措施协议）、第 1044 号法令（关于抑制不正当竞争的法律）、第 1056 号法令（关于履行贸易协定框架内商品原产地制度）、第 28977 号法律（关于《便利对外贸易法》）等。第 28977 号法的立法宗旨首先是建立法律框架，以方便商品进出口的海关手续操作；其次是制定必要的措施，以履行秘鲁对外签署的贸易协定中包括的海关程序和方便贸易的承诺。《海关总法》及其细则主要是货物、邮件、运输工具和人员出入境管理规定和关税征管规定。

（7）贸易管理的相关规定

2001 年以来，秘鲁意识到发展对外贸易对促进国家经济发展和改善人民生活的积极意义，开始推进贸易便利化改革。2006 年以来，秘鲁政府在努力推动出口市场多元化和非传统出口产品多样化的同时，决定单方面大幅降低进口关税，简化海关管理措施。目前除有损秘鲁主权、安全、良好社会道德和扰乱市场秩序的产品外，最大限度地放宽了资本货物、食品、原材料等的进口条件。

为了保护基因资源和文化遗产，秘鲁对主要动物产品，如小羊驼活体、皮毛、野生鸟类及其产品等，具有药用价值的植物及其产品，如红木、雪杉等名贵木材产品，以及具有历史文物价值的物品等的出口实施一定限制或禁止措施。

2012 年，秘鲁国会外贸委员会对本国的非传统出口促进法进行了修订。修改主要集中在该法案的第 7 条，该条规定，只有那些对外销售量超过其产量 50% 的企业才能以非传统出口企业的身份享受该促进法赋予其的优惠政策。此举可能影响秘鲁的非传统产品出口。

同时被修订的该法案第 32 条严格规定了合同方面的要求，

以避免企业不良运营，譬如对滥用该法获益的企业施加惩罚措施和规定企业应在合同中列明工人的劳动内容等。

（8）海关管理的相关规定

秘鲁海关的主要职能是对进出口货物、运输工具、国际邮品、出入境人员实施管理和征管关税，其管理规范主要体现在《海关总法》及其实施细则。《海关总法》共分 10 个部分内容。

秘鲁海关实行国际商品协调制度编制关税税则，实行多栏税率，对安第斯共同体国家有统一关税安排，与南方共同市场国家也有协定关税。秘鲁现行关税为从价税，税率分为 3 个等级，即商品进口到岸价（CIF）的 0%、6%、11%，名义平均关税税率为 3.2%。大部分税号的产品都已实行零关税，主要是资本货物、原材料等。对奢侈品征收较高的选择性关税。快递商品的税率为 4%。需要注意的是，除关税外，进口商品还需要缴纳 18% 的一般销售税（IGV）。秘鲁产品没有出口关税。

3 投资状况

（1）外国投资状况

1991 年 3 月，秘鲁政府修改外资法，取消了对外国投资的某些限制措施，允许外商在能源、电信、自来水等部门投资，利润自由汇出。此后秘鲁投资环境不断改善，外国直接投资持续增长。从 2005 年起，外国直接投资节节攀升。2012 年秘鲁吸引外国直接投资额为 122.4 亿美元，创历史新高，同比增长 49%。在拉美地区中排名第 5，仅次于巴西、智利、哥伦比亚和墨西哥。

　　根据秘鲁私人投资促进局的统计，截至 2014 年底，秘鲁共吸收外国直接投资资本金存量 232.83 亿美元。2014 年秘鲁吸引外国直接投资 76.06 亿美元，同比下降 18.2%。主要投资来源国为西班牙、英国、美国、荷兰等。

（2）投资环境

　　秘鲁投资环境的优势主要体现在以下方面：①政局比较稳定；②矿产、能源、森林、农业、水力、海洋等资源丰富；③税法比较健全，政策比较透明；④外汇管理宽松，外国投资资本和利润进出秘鲁比较自由；⑤地理位置优越，海、陆、空交通条件较便利；⑥宏观经济表现良好，市场增长性强。

　　根据世界经济论坛最新发布的《2014 ~ 2015 年度全球竞争力报告》，秘鲁在全球最具竞争力的 144 个国家和地区中，排在第 65 位，在拉美地区中居第 8 位。此举促使惠誉评级将秘鲁外币长期债务信用评级从 BBB 调至 BBB+。截至 2015 年 4 月，国际著名投资风险评级机构如标准普尔、穆迪等，将秘鲁列为拉美国家投资风险最低的第 2 名。

　　但 2014 年秘鲁营商环境排名在全球范围内从第 39 名下降到第 42 名。下降的原因是秘鲁受到全球经济危机的负面影响。据世界银行发布的《2015 年全球营商环境报告》，秘鲁排在第 35 位，比 2014 年上升 7 个位次。

2015 年国际三大投资风险评级机构对拉美主要国家的评级

国　家	标准普尔	惠誉国际	穆　迪
智　利	AA–	A+	Aa3
秘　鲁	BBB+	BBB+	A3
墨西哥	BBB+	BBB+	A3
巴　西	BBB–	BBB	Baa2
哥伦比亚	BBB	BBB	Baa2
玻利维亚	BB	BB–	Ba3
厄瓜多尔	B+	B	B3
委内瑞拉	CCC	CCC	Caa3
阿根廷	SDu	RD	Ca

（3）投资规划

　　2011 年秘鲁总理府下属的国家战略规划中心制定了《2010 ~ 2021 年秘鲁国家发展战略规划》。按照规划，未来 5 年，秘鲁年均国内生产总值增长率不低于 6%，用于基础设施建设的投资将达 69 亿美元，主要分布于交通运输、电信、能源电力及市政工程等领域。

　　主要投资项目有库斯科机场项目、圣马丁港口项目、山区纵向和雨林纵向公路项目、利马至卡亚俄地铁 2 号线项目、光纤骨干网项目、天然气管道项目、南方石化中心项目、利马供水和废水处理项目等。资金来源主要是投资公司自有资金、国外银行贷款等。此外，秘鲁政府资金短缺，许多项目政府要求企业带资承包。秘鲁的私人投资项目主管部门为私人投资促进局，隶属于秘鲁经济财政部，为非营利性官方投资中介机构。

（4）投资政策

秘鲁的私人投资促进局、各行业主管部门、各大区和地方政府均具有投资管理职能。私人投资促进局主要负责招商工作和项目招标组织工作，其他政府部门主要负责对行业投资进行监督，如环境部负责与政府行业主管部门或地方政府协商如何执行环境评估，农业部负责审批土地使用权，国防部负责审批边境地区50公里以内的外国投资安全，能源矿产和电力部负责本行业内的投资管理。

（5）投资法律法规

与投资有关的法律包括：第662号立法（DL662）、《促进外国投资法》《私有投资增长基本法》《司法稳定条例》《公司法》《劳动法》《知识产权保护法》《破产法》《贸易法》《海关总法》等。在此基础上又衍生出一系列行业投资法规，如在矿业领域有《矿业总法》及其实施细则、《可再生能源发电投资促进法》（第1002号法令）、《农村电力法》（第1058号法令）、《地热发电促进法》和《能源有效利用法》等，在基础设施方面有第1012号法令（关于公私合作的法律框架）、第1019号法令（关于参与通信基础设施投资合作的法律），在渔业投资方面有第1027号法令（《渔业总法》）、第1084号法令（关于渔船捕鱼限量的法律），在农业合作方面有第994号法令（关于推动在农业灌溉方面投资合作的法律）等。

（6）投资行业规定

秘鲁的投资行业可分为：禁止的行业、限制的行业、鼓励的行业。根据秘鲁宪法第 71 条规定，在边境地区 50 公里范围以内，外国人不得以任何直接或间接的方式和名义取得和占有矿产、土地、森林、水源、石油等资源。但涉及国家公共利益的项目，经国防部直至总统批准可视为例外。外国法人在参与秘鲁国内电视、广播领域的投资时，投资比例被限制在 40% 以内。另外，上述企业在其来源国广播电视企业中占有股份。秘鲁对外国投资持欢迎态度，绝大多数一般性的产业领域都对外资开放。给予特别鼓励的行业主要有石油、石油化工、生物燃料、电力和农业。对这些鼓励的行业，秘鲁政府将根据其所在区域、经济活动的导向和项目类别给予不同的优惠。

（7）投资方式规定

在秘鲁进行投资可分为法人方式和合同方式两种。法人方式是指投资者在秘鲁设立企业以获得法人身份的投资方式。合同方式则相对简单，投资者通过与秘鲁企业签署联营合同参与当地经济活动，但在当地不具有法人地位。

根据秘鲁第 662 条法令，法人和自然人均可以作为投资主体在秘鲁进行投资。

秘鲁对外国投资方式没有限制。独资、合资、合作、收购秘鲁企业等投资方式均可采用。对不动产入股、跨国兼并、股票收购、收购上市等均不做限制。

另外，还有一种方式叫 BOT 方式。秘鲁授予 BOT 特许经营合同的主要产业是道路和电力传输业。另外，在天然气运输及分销、公共港口、机场等行业也存在其他形式的特许经营方式，如 BOOT（建设 – 经营 – 拥有 – 转让）等。

扩展阅读：秘鲁对投资的优惠政策

优惠政策框架

秘鲁不分国内投资和外国投资，只有公共投资和私人投资之分，对外国投资实行国民待遇，没有鼓励政策。

1991年9月2日，秘鲁颁布了第662号议会授权法令，确定了秘鲁外国投资法的基础框架，确保税收政策和有关法律的稳定、外币的自由流动和外资企业的国民待遇原则。外国投资者可以自由将资产、股息和红利汇往国外，并能自由向国内或国际金融机构申请信贷。投资者可与秘鲁外国投资与技术委员会签订法律稳定协议，国家根据协议在10年内保证投资者在关税、税收等方面的既得利益不因未来可能发生的法律修改而受损。

行业鼓励政策

秘鲁对农业投资有鼓励政策，例如规定农业、农产品加工业和水产养殖业企业的所得税税率为15%，仅为其他企业税率的一半。在增值税退税政策方面，秘鲁法律规定只有投资金额达到500万美元的企业才能享受，但农业企业不受投资金额的限制。

对矿业投资，提供以下优惠政策：①保障税收、外汇和行政管理的稳定；②仅对矿业公司分配的股息征收所得税；③生产前的勘查费用、可行性研究费用可在所得税的应税收入中扣除；④为工人及其家属提供健康服务的成本可作为社会保险费用；⑤在外汇或其他经济措施上实行非歧视政策；⑥允许自由转移利润、红利，自由获得外币；⑦允许在秘鲁和国外自由销售产品；⑧简化行政管理程序等。

特殊经济区域的规定

秘鲁境内共有4个具有经济特区性质的区域，分别为塔克纳保税区、伊罗保税区、马塔拉尼保税区与派塔保税区。

塔克纳保税区始建于1991年，相对独立，位于秘鲁南部，靠近智利边境，占地面积为130公顷，2008年该自由区的销售额达到2.888亿美元。区内的货物享受关税豁免和一些特殊进口便利。在区内建厂的企业除享受税务豁免（所得税30%、一般销售税17%、选择性消费税0～30%、市政促进税2%）外，还享受工业、农业方面的税收优惠。

伊罗保税区距离伊罗港口8公里，距海岸线1100米，海拔45米。机械、设备、原材料和物资进入伊罗保税区享受税务豁免。所有进入保税区的货物，将享受合同规定的停留期限，免缴所得税。临时入境、临时进口货物和重置货物，可享受从保税区到秘鲁其他地方的运输便利。货物进入保税区须向伊罗海关提交过渡申请书。该区基础设施便利，水、电、电话、网络等一应俱全。

马塔拉尼保税区所在的马塔拉尼市是跨洋公路的主要连接点之一，可连接巴西和玻利维亚。该保税区从阿雷基帕市可由公路和铁路抵达，距离阿雷基帕城仅 112 公里，并可连接南部各主要目的地。毗邻秘鲁第二大且被认为是拉丁美洲效率最高的马塔拉尼港口，该港口连接巴西西部和太平洋。

区内企业可享受关税、财政、税务优惠。区内有 17 家海关代理公司、12 家货运代理和海运代理公司，3 处仓储终端，以满足运营需要。

派塔保税区距离皮乌拉大区派塔市 3 公里，距离派塔港口仅 3 公里，距离利马 1037 公里。

区内企业可享受如下税务优惠：企业可在 2022 年 12 月 31 日前享受所有种类的国税和市级税豁免，例如利润税、不动产税、销售一切税、施政促进税、消费选择税等。在该区建厂的企业要遵循劳工制度。

此外，入驻企业可享受如下海关便利：制造或生产企业的货物不仅可以出口，而且可以转内销。

4　货币管理

秘鲁现在流通的货币叫索尔（西班牙语称"Nuevo Sol"），

主货币分为 1 索尔、2 索尔、5 索尔 3 种硬币面额和 10 索尔、20 索尔、50 索尔、100 索尔和 200 索尔 5 种纸币面额，辅币分为 1 分、5 分、10 分、25 分和 50 分 5 种硬币面额。

新索尔于 1991 年 7 月 1 日开始流通，币值保持稳定，是全球最稳定的货币之一。

秘鲁对外汇的管理基本实现了市场化调节，只有当本币过度贬值或升值时，央行才会通过公开市场操作方式进行有限度的干预。秘鲁对外汇进出境基本没有限制，美元与本币可以在市场上自由兑换和并行流通，货币自由度居世界前列。

从 2011 年 4 月起，秘鲁政府规定利润汇出需要缴纳 0.005% 的银行交易税。携带现金出入境最高不能超过 3 万美元。

5 税收体系

秘鲁实行属地税法，凡是驻地在秘鲁的企业，均须执行秘鲁的税法。注册地在秘鲁的企业从国外获得的收益也要向秘鲁缴税。现行的主要税种有：企业所得税、个人所得税、增值税、奢侈品消费税、矿产资源税、矿业特别税、金融交易税、企业分红税。

（1）所得税

企业所得税税率为 30%，个人所得税按照个人收入情况执行累进税率。

个人所得税税率

单位：%

收入情况（1个 UIT 为 3850 索尔）	税 率
7 个纳税单位（UIT）之内	0
7 ~ 27 个纳税单位	15
27 ~ 54 个纳税单位	21
超过 54 个纳税单位	30

（2）增值税

秘鲁的增值税（IGV）也称普通销售税，税率为 18%。

（3）消费税

秘鲁的消费税称为选择消费税，该税种的征税对象是奢侈品，例如汽油、酒类产品、烟草、化妆品等。

（4）矿业税

秘鲁法律规定矿业企业须以营业利润为基数缴纳矿产资源税和矿业特别税。税率视企业所得利润浮动，所得利润越高则税率越高。2012 年税率为（利润率 0 ~ 100%）：矿产资源税 1% ~ 7.137%，矿业特别税 2% ~ 5.36%。

（5）其他税负

金融交易税，税率现为 0.005%，该税种征税的对象是各种金融活动；企业分红税 4.1%。

四 产业发展

1 概述

秘鲁为传统农矿业国家，属拉美中等发展水平经济体。矿业和石化能源业在国民经济中占有重要的地位。根据中央储备银行的数据，2014 年秘鲁第一产业、第二产业和第三产业占GDP 的比重分别为 5.7%、34.5% 和 59.9%。2014 年，秘鲁建筑业占 GDP 的比重为 6.8%，商业占 11.2%，水电部门占 1.8%，农牧业占 5.3%。

2 重点工矿业

矿业是秘鲁的支柱产业之一，也是秘鲁出口贡献最大、创汇最多的部门（占全部外汇收入的 40%），2014 年出口额达205.5 亿美元。该部门也是近年吸收外资最多的部门。

秘鲁渔业 2014 年的出口额为 17.3 亿美元，它是秘鲁的重要生产部门。秘鲁具有丰富的海洋资源，是世界上进行海洋捕捞的重要国家之一，也是鱼粉和鱼油的主要生产国和出口国，鱼粉是该部门主要的出口产品之一，平均年产量达 180 万吨。

秘鲁的制造业以矿产加工和装配业为主，制造业中主要生产的消费品是纸张、纸箱、肥皂、洗涤剂、无酒精饮料、矿泉水、啤酒等，主要生产的中间产品是混凝土、水泥、石膏、结构用陶瓷黏土等，主要生产的资本货物是发动机、电动发电机和变压器、电力分电设备等。

3 特色产业

（1）矿产采掘业

秘鲁矿业资源十分丰富，矿业和石化能源业比较发达。2014 年上述行业和油气业一共为秘鲁贡献了国内生产总值的 11.7%。2014 年矿产品和石化产品出口额达 205.5 亿美元，约占出口总额的 51.9%。

（2）油气开发业

截至 2012 年，秘鲁石油探明储量为 6.329 亿桶，较上年新探明 0.537 亿桶，天然气探明储量为 4361 亿立方米，较上年新探明 764.55 亿立方米，液态天然气探明储量为 7.898 亿桶，较上年新探明 1.628 亿桶。但秘鲁的石油产量尚不能满足国内需求，而其国产原油也对外出口。近年来，秘鲁不断加大对油气资源的勘探开发力度，分别在秘鲁的海滨、山地、雨林等地区签订了 82 项油气田勘探开发协议。

（3）林业

秘鲁森林覆盖率为 58%，面积达 6800 万公顷，在南美洲仅次于巴西，居第 2 位，在世界上居第 10 位。90% 的森林集中在亚马孙热带雨林地区，占地 7000 万余公顷，2012 年木材产量为 228.41 万立方米。秘鲁林业产品供应量尚不能满足国内需求，每年缺口都在扩大。2012 年，进口价值 10.07 亿美元的木材产品，而出口木材及其产品的价值仅为 2.67 亿美元。

（4）渔业

秘鲁海洋渔业受自然条件影响较大，因此在不同年份关于渔业产量的统计数据会出现较大差距。2012 年，鱼粉出口总额为 18 亿美元，平均出口价格为每吨 1330 美元，是秘鲁的第四大出口产品（前三种是黄金、铜和石油）。2013 年，秘鲁鱼粉出口量为 98 万吨。2013 年，鱼粉出口总额为 13.77 亿美元，平均出口价格为每吨 1605 美元。中国是秘鲁鱼粉主要的出口市场，2012 年占其 50% 的市场份额，2013 年占其 63% 的市场份额，其他重要的市场是德国和智利。

秘鲁渔业由政府严格控制。为减少过度捕捞和促进秘鲁渔业的可持续发展，政府已经采取配额政策，规定了每条船和每个工厂加工许可证的捕捞配额。此外，政府还发布了捕捞禁令。

（5）农业

根据秘鲁农业灌溉部的统计，2013 年秘鲁农业总出口额为 44.27 亿美元，同比增长 0.89%。增长主要源于葡萄、芦笋和鳄梨等产品的出口。美国仍然是秘鲁农产品的主要出口国，其次为荷兰。

（6）制造业

秘鲁的工业以矿产加工和装配业为主。2013 年秘鲁制造业产值同比增长 1.7%，略高于 2012 年的 1.6%，远低于 2010 年的 14.1%，其中初级制造业增长 1.7%，非初级制造业增长 1.2%。

（7）旅游业

秘鲁地理环境多样，旅游资源十分丰富。2013 年，秘鲁接待外国游客 320 万人次，同比增长 11.2%，旅游外汇收入达 38 亿美元。全国各类饭店有：5 星级饭店 23 家、4 星级饭店 29 家、3 星级饭店 405 家、2 星级饭店 849 家、1 星级饭店 316 家。

　　主要旅游景点有：利马老城区、马丘比丘遗址、昌昌古城遗址、阿雷基帕老城、查文古城遗址、库斯科古城、黄金博物馆、鸟岛等。马丘比丘遗址被称为新的"世界七大奇迹"之一，被评为"南美最佳生态绿色旅游目的地"。

五　金融体系

秘鲁的金融体系由政府监管部门、金融机构、金融市场等共同组成，包括国家金融机构、私人商业银行、保险公司、私人金融公司和信贷公司等。银行、保险和私人养老金监管局全面负责监管各家银行、保险公司、小额信贷机构的业务活动。

秘鲁政府对其金融体系进行不断改革，金融业发展环境日益优化，金融企业运营稳定。目前，已经形成由国家金融机构宏观引导，私人金融机构包括外资金融机构自主经营的格局。

国家金融机构包括中央储备银行、国民银行、金融开发银行和数家开发银行：秘鲁矿业银行、农牧业发展银行、秘鲁中央抵押银行、秘鲁住房银行、秘鲁工业银行。私人商业银行中最大的是秘鲁信贷银行。

1　秘鲁银行体系

秘鲁银行体系包括 3 家国有银行，17 家商业银行，15 家保险公司，12 家金融公司，13 家城市、农村储蓄公司，13 家小微企业发展机构和租赁、担保、信托服务公司等。其中本地较大的私人商业银行主要为秘鲁信贷银行、秘鲁 BBVA 大陆银行、秘鲁国际银行、秘鲁贸易银行、秘鲁劳动银行等。此外还有一些非银行性质的金融机构：利马证券交易所、养老金管理公司、互助基金管理公司等。

秘鲁中央储备银行
图片提供：达志影像

外国主要商业银行有美国的花旗银行，西班牙的对外银行、桑坦德银行，加拿大的丰业银行，哥伦比亚的 GNB 银行等。

与中国合作密切的当地金融机构有秘鲁信贷银行、秘鲁国际银行、秘鲁丰业银行、秘鲁 BBVA 大陆银行等。

秘鲁中央银行，也称中央储备银行（Banco Central de Reserva，BCR），是秘鲁最重要的金融机构，创建于 1922 年。秘鲁中央银行原名秘鲁储备银行，最初由私人资本投资创立，但其董事会代表政府，享有货币发行权。1931 年更为现名。根据秘鲁宪法规定，国家通过中央储备银行行使其发行货币的独有权；该银行在其组织法的范围内享有自主权；其宗旨是维护国家货币的稳定，主要职能是调节金融体系内的货币和信贷，管理外汇储备；该银行可以开展业务和签订贷款协议，以弥补国际储备的暂时失衡。

秘鲁国民银行（Banco de la Nacion）成立于 1966 年，是秘鲁第二大国有银行，也是最有影响力的商业银行。现在主要业务是为中小企业融资，支持其发展。

秘鲁金融开发公司（Corporacion Financiera de Desarrollo）成立于 1971 年，是秘鲁的国有金融机构，98.56% 的资本属于国家。其宗旨是促进各部门重要项目的建设。主要职能是为国家经济发展筹集资金，为政府的基础设施等项目提供贷款，并为出口企业和小型企业提供资金支持。

私人银行秘鲁信贷银行（Banco de Credito del Peru）1889 年开始营业。当时称意大利银行，1941 年改称现名。在拿骚和纽约设有分行。

中国工商银行、中国银行、国家开发银行在秘鲁设有分支机构。

2　秘鲁外汇市场

秘鲁政府一直以来奉行自由主义经济政策，注重市场对国民经济的调节能力。因此，秘鲁对外汇的管理基本实现了市场化调节，只有当本币过度贬值或升值时，央行才会通过公开市场操作方式进行有限的干预。秘鲁对外汇进出境基本没有限制，美元与本币可以在市场上自由兑换和并行流通，货币自由度居世界前列。

3　秘鲁资本市场

（1）股票市场

利马证券交易所（BVL）是南美主要证券交易所之一，其主要产品有股票、政府债券、企业债券等。其中企业股票以矿业股为主。该证券交易所有数个指数，其中最重要的是利马证券综合指数（Indice General Bolsa de Valores，IGBVL）。除此之外，其他的指数还包括利马证券选择指数（Indice Selectivo Bolsa de Valores，ISBVL）和秘鲁选择指数 15（Indice Selectivo Peru-15，ISP-15）。

多年以来，利马股市运行良好，盈利丰厚，深受欧美投资商追捧。秘鲁政府对外国企业进入利马证券市场基本没有限制。

2009 年和 2010 年，利马证券市场综合指数分别上涨

101％和65％。截至2014年12月31日，利马证券市场综合指数达到14794点，同比下降6.09％，市场规模为57.99亿美元。股票市场不振的原因主要是消费和矿业股票指数同比下降，表现优异的行业股票为金融业和服务业。

（2）债券市场

根据美国花旗银行的报告，秘鲁、哥伦比亚和智利是拉美国家中债券市场最具吸引力的几个国家。

秘鲁债券市场主要交易的债券包括国债、国库券、可转让大额存单、商业票据、中期债券、企业债券。根据秘鲁财政部发布的2014年度公共债务年度报告，2014年，秘鲁政府发行了总额达114.36亿索尔的主权债券，其中56.93亿索尔用于债券发行，57.43亿索尔用于债券管理。主权债券市场交易额达445.4亿索尔，同比增加29.6％。其中，发行的债券74.7％由政府预先设定计划，选择固定日期通过日常招标来进行。剩下的25.3％通过国际招标完成，具体操作交由国际金融公司摩根士丹利、美林银行和大陆银行等机构进行。同年国库券发行金额达7.7亿索尔，二级市场交易额为6.3亿索尔。

公司债券方面，2014年秘鲁公司债券发行金额为18亿美元，远低于2013年53亿美元的发行量。

（3）保险市场

秘鲁保险市场归秘鲁银行、保险和养老金监察局（SBS）管理，主要由三类保险公司构成，分别是综合险公司、人寿险公司和综合人寿保险公司。

秘鲁的险种主要分为法定生命险、风险工种补充险、交通事故强制险（2012 年秘鲁交通车辆事故率为 54.7%）和危险犬类主人民事责任险。

根据 SBS 官网数据，截至 2014 年底，秘鲁共有 257 家国内法人保险公司和 15 家外国再担保公司，全国有 55 家保险分支机构或办公室。

（4）财务公司

营业范围主要是融资、租赁。

（5）养老基金市场

根据秘鲁第 25897 号法律，私人养老基金（SPP）于 1992 年由秘鲁政府设立，并于 1993 年运行。秘鲁养老金系统分为两种，第一种归国家养老正规化办公室（ONP）管理，主要对象为政府公务员和军人，第二种由 4 家养老保险管理公司（AFP）运营（两种系统特点比较见下图）。秘鲁的养老保险制度遵循 3 个原则，分别是个人账户资本化、自由选择权和养老金财产所有权。

特点 / 名目	国家养老金系统	私人养老金系统
管理单位	国家养老正规化办公室	养老保险管理公司
回报模式	单利	资本化复利
工资缴纳比例	13%	10%
缴纳最低年数	20 年	不设下限
是否可以继承	否	是

秘 鲁
PERÚ

第四篇
双边关系

秘鲁
PERÚ ....

一　双边政治关系

　　秘鲁是较早与中国建立外交关系的拉美国家之一。1971 年 11 月 2 日，秘鲁与中国正式建立外交关系。建交以来，双边关系长期稳定健康发展，两国高层交往频繁，政治互信增强，双方在各领域的交流与合作不断深化。1995 年 10 月，李鹏总理率中国政府代表团对秘鲁进行正式访问，这是中国总理首次访问秘鲁。2005 年，两国建立全面合作伙伴关系，双边关系进入了新的发展阶段。2008 年 3 月，加西亚总统对中国进行国事访问。11 月，胡锦涛主席对秘鲁进行国事访问，并出席在利马举行的亚太经济合作组织第 16 次领导人非正式会议。其间，胡锦涛主席同加西亚总统进行会谈。中秘宣布两国自由贸易协定谈判成功完成，两国正式建立战略伙伴关系，双方发表联合新闻公报，并签署涉及海关、植物检疫、卫生、扶贫、金融等领域的 11 项合作文件。2009 年 11 月，全国政协主席贾庆林对秘鲁进行正式友好访问。2010 年 3 月，双边自贸协定正式生效。2013 年 4 月，乌马拉总统对中国进行国事访问并出席博鳌亚洲论坛 2013 年年会，两国元首宣布把中秘关系提升为全面战略伙伴关系。2014 年 11 月，乌马拉总统来华出席亚太经济合作组织第 22 次领导人非正式会议并对中国进行工作访问。2015 年 5 月，李克强总理对秘鲁进行正式访问，发表了中秘政府联合声明。

　　1998 年以来，两国元首经常在亚太经济合作组织领导人非正式会议期间会晤。2011 年 11 月，胡锦涛主席在夏威夷亚太经济合作组织领导人非正式会议期间同乌马拉总统进行双边会晤。2014 年 7 月，习近平主席在对巴西进行国事访问期间与乌马拉总统进行双边会见。

二 双边经济关系

1 双边贸易

近年来，中秘双边贸易额呈现跨越式增长。2010 年，中秘双边贸易额为 97.2 亿美元，较 2005 年增长了 3 倍。2011 年，双边贸易额为 125.8 亿美元，同比增长 29.4%。2012 年双边贸易额为 138 亿美元，同比增长 9.7%。2013 年，双边贸易额为 146.2 亿美元，同比增长 5.9%。

受国际金融危机、石油和初级产品价格下降等原因的影响，2014 年中秘贸易额增长速度明显放慢。2014 年，双边贸易额为 143 亿美元，同比下降 2.2%，其中中方出口 61 亿美元，进口 82 亿美元，同比分别下降 1.4% 和 2.5%。

根据秘鲁外贸协会（COMEX）发布的数据，2014 年中国已超越美国成为秘鲁第一大进口来源国，同时也是第一大贸易伙伴和第一大出口市场。

2 双边经济合作

中秘两国经济合作起步较晚，但发展较快。双方签署了《经济技术合作基础协定》《关于鼓励和相互保护投资协议》《海运协定》《中国－秘鲁自由贸易协定》等合作文件，并就农业、林业、渔业、矿业、交通、财政、金融等领域的合作签署了谅解备忘录。1989 年，两国成立政府间经济贸易混合委员会，协调双边经贸关系。2004 年 12 月，秘鲁政府宣布承认中国的市场经济地位。2015 年 4 月，经济贸易混合委员会第 7 次会议在利马召开。

2015 年，李克强总理对秘鲁进行访问，明确了未来双方务实合作的发展方向，并为这一进程"提挡加速"。中秘签署了涉及能源、矿业、基础设施、检疫、医疗、航天等领域的 10 项合作文件。中国、巴西、秘鲁启动两洋铁路可行性研究。中秘双方的务实合作从能源、矿业向金融、电力、交通、基础设施、装备制造、石化、冶金、建材、农林水产加工等领域拓展。得到秘方积极回应，5 月，中秘经济合作战略对话机制首次会议在秘鲁召开，会议深入探讨了拓展务实合作的重点领域和路径。

秘鲁是中国在拉美重要的投资目的国。据中国驻秘鲁大使馆经商处统计，截至 2014 年，中国在秘鲁实际投资总额已超过 140 亿美元，中资企业现已超过 150 家，中国是秘鲁主要投资来源国之一。

能矿开发是中国在秘鲁投资的主要领域，主要企业有五矿、中铝、中石油、首钢秘铁、金兆、白河（紫金）等。此外，中资企业还涉足贸易、工程承包、渔业、林业、金融和物流服务业等领域，水利电力、交通基础设施、房地产等逐渐成为中国企业在秘鲁投资合作的新热点领域。

在工程承包方面，近年来，中国承揽实施了伊基托斯城市给排水项目、万萨水电站项目等。

特别提示

- ★ 秘鲁当地印第安土著民族不仅关心项目是否影响生态环境，而且关注土著文化保护。建议中资企业在当地投资时，对当地的环保和文化保护要并重。
- ★ 在秘鲁，中资企业与欧美企业的竞争十分激烈，要避免恶性竞争抬高成本。
- ★ 秘鲁当地的工会力量较强，要积极争取。
- ★ 在投资矿业时，要注意配套运输问题。

三 双边关系中的热点问题

中国和秘鲁同属发展中国家，两国在一些国际重大问题上相互协调、相互配合，共同维护发展中国家的权益。在全面战略伙伴关系的框架下，双方的国际合作对促进国际关系的民主化和国际秩序的多极化，具有广泛的意义。

1 推动多边合作，促进全球治理

中国和秘鲁都是联合国的重要成员国，独立自主是两国外交的基本原则。双方都强调各国人民自主选择社会制度和发展道路的重要性，主张在国际关系中弘扬平等互信、包容互鉴、合作共赢的精神，共同维护国际公平正义。主张通过联合国机制，在促进国际和平、安全和发展上发挥核心作用。双方都支持对联合国安理会进行改革，支持增强包括拉美国家在内的发展中国家的代表性，以更好地履行《联合国宪章》赋予的维护国际和平与安全的职责。

中国与秘鲁同为环太平洋重要新兴经济体，在改革国际不合理的经济秩序方面拥有共同的目标，特别是在加强宏观经济协调、完善全球经济治理、推动以国际货币基金组织和世界银行为核心的国际金融体系改革、促进全球贸易自由化等方面，两国具有共同的利益与责任。

2　共同应对全球公共问题

（1）共同维护粮食安全

中国是世界上人口第一大国，秘鲁人口总量居全球第 44
位，居拉美地区第 5 位。粮食安全关乎两国的民族命运和国家
安全。中国和秘鲁通过联合国粮农组织等多边机制，共同维护
粮食安全。

（2）共同应对气候变化

中国和秘鲁在《联合国气候变化框架公约》和《京都议定
书》框架下，坚持"共同但有区别的责任"原则，通过 APEC
和联合国对话磋商机制，敦促发达国家承担更多的减排责任，
向发展中国家转让相关技术和提供资金支持，帮助发展中国家
进行能力建设，共同应对气候变化。

特别提示

★ 计划中的两洋铁路横跨巴西和秘鲁，跨越南美洲大
陆，是连接太平洋及大西洋的首个拉美铁路建设项
目。两洋铁路拟从巴西马托格罗索州的卢卡斯进入
秘鲁，穿越安第斯山后到达太平洋边上的巴约瓦尔
港，其中约 2000 公里铁路线属于既有线路，另外需
要新建大约 3000 公里铁路。这条铁路不仅沟通了大

西洋和太平洋，也打通了巴拉圭河和巴拉那河这两条水路的运输体系，将惠及南美洲大部分国家，对于推动南美一体化具有重大意义。由于安第斯山的阻隔，南方共同市场与太平洋联盟这两大南美洲贸易区的交往相对较少，而两洋铁路将会成为它们之间的纽带。铁路运输无疑会比远洋货轮节省更多运输时间和物流成本。

四　秘鲁主要商会及华人社团

1　秘鲁主要商会

（1）秘中商会（CAPECHI）

主要负责协助中国商协会在秘鲁举办活动，组织秘鲁中小企业赴中国参加广交会等。

地址：Av. Rivera Navarrete 762, Piso 8, San Isidro, Lima

电话：0051-1-4228152

传真：0051-1-4228358 转 102

邮箱：info@capechi.org.pe

网址：www.capechi.org.pe

（2）秘鲁出口商协会（ADEX）

主要负责秘鲁国际贸易，会员众多，是秘鲁食品博览会主办方。

地址：Av. Javier Prado Este 2875, San Borja, Lima

电话：00511-6183333

网址：www.adexperu.org.pe

（3）利马商会（CCL）

主要负责秘鲁商情发布与国际贸易，是秘鲁会员最多、影响力最大的商会组织，是秘鲁科技展主办方。

地址：Av. Giuseppe Garibaldi 396, Lima 11

电话：00511-4633434

传真：00511-2191777

网址：www.camaralima.org.pe

（4）秘鲁外贸协会（COMEX）

主要负责秘鲁国际贸易数据统计与发布，帮助秘鲁进出口企业维权。

地址：Av. Bartolomé Herrera 254，Lima 18

电话：00511-6257700

传真：00511-6257701

网址：www.comexperu.org.pe

（5）全国工业协会（SNI）

主要负责秘鲁工业行业，服务包括行情发布、数据统计、展会举办等，是秘鲁工业展主办方。

地址：Av. Los Laureles 365，San Isidro，Lima

电话：00511-6164444

网址：www.sni.org.pe

（6）秘鲁汽车协会（AAP）

主要负责秘鲁汽车行业，包括行情发布、数据统计、展会举办等，是秘鲁汽车零配件展主办方。

地址：Av. Javier Prado Oeste 278，San Isidro

电话：00511-6403636

网址：www.aap.org.pe

（7）全国渔业协会（SNP）

主要负责秘鲁渔业，有众多秘鲁养殖企业加盟。

地址：Av. Republica de Panama 3591, Piso 9, San Isidro

电话：00511-4228844

网址：www.snp.org.pe

（8）全国矿业、石油和能源协会（SNMPE）

地址：Av. Francisco Graña 671, Magdalena del Mar Lima 17

电话：00511-215-9250

传真：00511-460-1616

网址：http://www.snmpe.org.pe

（9）全国私营企业机构联合会（CONFIEP）

成员包括秘鲁主要工商服务业的行业组织，相当于中国的全国工商联。

地址：Av. Víctor Andrés Belaúnde 147, Edificio Real Tres, Of. 401. SanIsidro, Lima. Per

电话：00511-415-2555

传真：00511-415-2566

网址：confiep.org.pe

2　秘鲁主要华人社团

（1）秘鲁通惠总局

职能：总理秘鲁华侨的慈善公益事业，加强华侨相互扶助，继承和发扬中华民族传统，维护华侨权益。

主席：萧孝权

地址：Jr. Paruro N° 811-823，Cercado de lima

电话：00511-4274470

（2）福建同乡会

职能：秉承爱国爱乡、团结互助、共同发展的宗旨，为家
乡和侨胞之间搭建桥梁，维护乡亲的安定团结与合
法权益。

主席：潘纪涛

（3）穗华协会

职能：通过协会所有成员的努力，保护、传播和推广中国的
文化、习俗，加强睦邻友好联系。

主席：Erasmo Wong

地址：Raúl Ferrero 229，Lima

电话：00511-2021111 Anexo（151）

（4）秘鲁中资企业协会

秘鲁中资企业协会是在驻秘鲁使馆经商处指导和推动下，
于2011年8月6日成立的非营利的公司法人，以促进中秘经
贸关系的发展、加强中资企业之间及与当地社会的联系和沟
通、为中资企业提供各种服务和维护中资企业合法权益为宗旨。
2011年11月在当地完成注册，12月12日正式揭牌。现有会
员70余家。第一届理事会成员有中石油秘鲁公司、首钢秘铁、
华为、万新、中铝等14家企业，中石油秘鲁公司宫本才总经理
任会长。

2015年6月，矿业行业分会和建筑工程分会正式挂牌成立。

秘鲁中资企业协会的主要职责如下。

为企业提供具体服务。举办企业注册、税务、签证和劳工等方面的专题讲座以及环保、社区关系等方面的研讨会；接待新企业有关法律政策和市场情况的咨询，指导企业经营管理；开设西班牙语、青少年美术等培训班。

开展对外交流。与秘中商会、出口商协会、能矿协会等当地社团建立了广泛联系，积极参与中拉企业家峰会和当地有关重要展会，促进两国工商界交流。主动接触当地媒体，编发宣传材料，大力宣传中资企业对秘鲁的贡献和双边经贸合作成果。

反映中资企业诉求。积极做好秘鲁外贸旅游部、能矿部、移民局等政府部门的工作，对内对外提供有关材料，反映企业在经营管理中的实际困难（如签证和居留手续申办难的问题）。

地　址：Av. José Pardo Pasaje Martir Olaya No.129,
　　　　Oficina 1905 Centro Empresarial, Miraflores,
　　　　Lima, Peru

电　话：00511-2508520

联系人：吕大维（副秘书长）

五　秘鲁当地主要中资企业

境内投资主体	境外投资企业（机构）	归属	经营范围
中国航空技术国际控股有限公司	中国航空技术国际控股有限公司驻秘鲁代表处	中央企业	贸易、市场开拓
中国石油技术开发公司	中国石油技术开发秘鲁分公司	中央企业	在秘鲁从事石油物质装备的市场开发和推广，提供石油装备维修、租赁等服务，配合总部在秘鲁履行合同，代表公司在秘鲁进行对外交流与联络
中国石油集团西部钻探工程有限公司	西部钻探（秘鲁）工程有限公司	中央企业	石油、天然气勘探开发和生产建设，提供地质勘探、钻井、测录试、固井、井下作业等工程服务
中化地质矿山总局化工地质调查总院	中化地质矿业（秘鲁）有限公司	中央企业	地质勘查、矿产资源开发等
中国中元国际工程公司	中国中元国际工程公司秘鲁分公司	中央企业	在秘鲁当地进行工程项目信息收集、项目洽谈、合同谈判并协助签约后的执行工作
中国水电建设集团国际工程有限公司	中国水电（秘鲁）有限责任公司	中央企业	水利水电工程、市政工程、城市轨道工程等相关业务
中国交通建设股份有限公司	中国交通建设股份有限公司（秘鲁）分公司	中央企业	承揽各类工程总承包业务及提供与各种建筑项目有关的服务，包括但不限于技术协助、咨询、投资、管理、经营并履行一切必要协议
中国石油天然气管道局	中国石油天然气管道局秘鲁分公司	中央企业	承揽石油天然气管道、集输、储存终端的工程总承包项目（包括石油和天然气及其衍生制品，如 LNG、LPG）

续表

境内投资主体	境外投资企业（机构）	归属	经营范围
中国交通建设股份有限公司	中国交通建设（秘鲁）有限公司	中央企业	承揽各类工程总承包业务及提供与各种建筑项目有关的服务，包括但不限于技术协助、咨询、投资、管理、经营并履行一切必要协议
中铁二院工程集团有限责任公司	中国中铁二院工程集团秘鲁子公司	中央企业	设计、咨询、项目管理、工程监理、环境评价、人员培训等相关业务
中油勘探开发有限公司	中美石油开发秘鲁公司	中央企业	秘鲁塔拉拉油田6/7区块的勘探、开发和生产
中国石油工程建设公司	中国石油工程建设公司秘鲁子公司	中央企业	石油地面工程、炼厂、石油天然气管线、压气站等工程建设项目
五矿江铜矿业投资有限公司	北秘鲁（LUMINA）铜业股份有限公司	中央企业	资源勘探、矿山开发、有色金属开采及冶炼
中油勘探开发有限公司	中国石油拉美（秘鲁）57/58/10区项目公司	中央企业	进行勘探开发、探测、钻井等与油气和矿业相关的活动，包括购买、出售和租赁相关设备，开展与油气行业相关的勘探开发、加工处理、采购销售、进口出口以及运输等工作
中铁第一勘察设计院集团有限公司	中铁第一勘察设计院集团有限公司秘鲁分公司	中央企业	主要负责秘鲁及南美洲地区市场开发、工程项目的对外协调和管理工作
中油长城钻井有限责任公司	中油长城钻井有限责任公司秘鲁钻井分公司	中央企业	石油钻井、修井及相关业务
首钢总公司	首钢秘鲁铁矿股份公司	北京市	铁矿石及其他矿石的勘探、开采、制造、销售，与公司经营有关的其他活动
首钢地质勘查院地质研究所	首钢矿产地质勘查有限责任公司	北京市	固体矿产勘查，水文地质、工程地质、环境地质调查，地球物理勘查，矿产品经营，矿权运作

续表

境内投资主体	境外投资企业（机构）	归属	经营范围
河北远大基业实业集团有限公司	远大矿业发展有限公司	河北省	矿业项目投资
滦南县国柱五金工具制造有限责任公司	金希望进出口股份有限公司	河北省	进出口贸易
唐山市金石超硬材料有限公司	尚善金石有限公司	河北省	国际贸易与地质勘探设备销售
沈阳东软医疗系统有限公司	东软医疗（秘鲁）有限公司	辽宁省	CT机、超声设备、X线机、磁共振设备的制造及销售，计算机软件、硬件的研发和销售，技术咨询、技术服务，医疗设备租赁、修理、维护
沈阳博林特电梯集团股份有限公司	博林特电梯秘鲁有限公司	辽宁省	直梯、扶梯、人行道、立体车库、机电产品、风力发电机、幕墙产品、门窗产品等相关配件的制造、安装和维修保养
吉林省第一地质调查所	吉地矿业有限责任公司	吉林省	矿产勘查开发
江苏汉唐国际贸易集团有限公司	金源矿业有限公司	江苏省	矿产资源勘探及开发，矿山勘探、开采咨询服务，矿业投资，矿产品进出口贸易及机器设备租赁等
江苏高展集团有限公司	高展集团股份有限公司	江苏省	矿产资源勘探开发及提炼销售，提供和矿业活动相关的租赁、咨询服务，开展各类商品的进出口贸易
江苏泛太矿业发展有限公司	泛太秘鲁有限公司	江苏省	钢铁生产、销售，房地产开发，工程建设、销售，国际贸易
珠光集团浙江进出口有限公司	浙江珠光集团进出口有限公司秘鲁办事处	浙江省	市场信息收集、产品开发等

续表

境内投资主体	境外投资企业（机构）	归属	经营范围
兰溪市永新织造有限公司	兰溪市永新织造有限公司秘鲁办事处	浙江省	收集信息，促销产品，联络客户，提供售后服务
浙江省长兴丝绸有限公司	长兴丝绸（秘鲁）有限公司	浙江省	化纤布销售，货物进出口

详细中资企业名录请参见：

中国商务部"中国对外投资和经济合作"网站⇨"境外企业（机构）"，相关网址：http://wszw.hzs.mofcom.gov.cn/fecp/fem/corp/fem_cert_stat_view_list.jsp。

特别提示   中国企业如何在秘鲁建立和谐关系？

★ 处理好与政府和议会的关系

（1）调研。为长远计，大型企业应该设立内部调研工作职位，安排专职调研人员，有计划地开展调研工作。较全面地了解驻在国的情况，有利于企业制定符合实际的经营战略和企业政策，有利于企业在法律框架内开展生产和经营活动。

（2）公关。在调研的基础上搞好公共关系可以使企业在复杂环境中立于不败之地。企业应该经常跟踪驻在国政府和议会关注的焦点和热点问题，尤其是涉及企业投资和经营活动的重大事项，并据此有计划地开展公关工作。

（3）**守法**。秘鲁奉行西方式的民主、自由和法制，三权分立是其政治制度的基本架构。总统和国会议员均通过直选产生，其行政行为受宪法、法律约束，受媒体与民众监督，政府官员的个人权力和影响力是有限度的。因此，中资企业要处理好与政府和议会的关系，必须了解当地的政治生态，要知法懂法，在法律框架内行事。

（4）**沟通**。企业应适当保持与政府相关部门和议会专业委员会的联系，定期或不定期地与之交流情况，了解政府的政策趋向信息，倾听有益的意见和建议，主动争取支持和帮助。

★ **妥善处理与工会的关系**

（1）**知法**。深入了解驻在国的《劳动法》《工会法》，熟悉当地工会组织的发展状况、组织体系、内部规章和运行方式，增强与工会组织打交道的主动性。

（2）**守法**。应遵守驻在国的《劳动法》关于雇用、薪酬、休假、保险、福利和解聘等规定，依法处理与员工的劳动法律关系。

（3）**用法**。企业员工许多是工会的会员，处理好与企业员工的关系是处理与工会关系的一个方面。处理与企业员工关系的一个重要前提是依法办事。企业应建立内部规章制度，坚持执纪必严、违纪必究的原则，使员工养成遵纪守法的习惯。同时应建立属地员工职级晋升机制，使他们看到进步的方向和目标，激励他们的工作积极性、自觉性和创造性。

（4）沟通。在企业管理中，应加强与员工和工会的沟通，深入了解和把握员工的思想活动和要求，适时进行必要的疏导，及时解决存在的问题，避免矛盾积累和激化。

（5）和谐。重视企业文化建设，组织和引导员工参加健康和谐的文化体育等活动，激发员工的主人翁意识，调动他们的积极性和创造性，营造和谐的生产和生活环境。

（6）知情。深入了解本企业工会与全国工会总会的关系，掌握其活动规律和特点，做到知己知彼。

（7）加入。积极参加当地雇主协会尤其是行业雇主协会活动，学习行业企业处理工会关系方面的经验。

（8）谈判。坚持以法律为基础，以平和的态度参与工会的谈判，要有理有据，努力争取对企业有利的结局。

★ 密切与当地居民的关系

（1）了解当地文化。企业的中方领导和员工应该学习驻在国的语言，了解并尊重当地居民的宗教信仰、文化传统和生活习惯。

（2）实现人才本土化。注重人才本土化，根据工作需要吸纳当地人才就业。加强对属地员工的培养，注意发挥他们在管理中的优势。

（3）设立企业开放日。根据企业的规模，可试办企业开放日活动，邀请员工家属和属地居民参加企业社会活动，宣传企业文化乃至中国的文化，融洽与驻地居民的关系。

（4）参与社区活动。组织企业中方员工适当参加当地社区组织的活动，投入必要的人力和物力，支持社区组织的公益活动，拉近与当地居民的距离。

（5）尊重当地风俗习惯。秘鲁是以天主教为主要宗教的国家，居民大多信奉罗马天主教，中国企业员工应该尊重当地居民的风俗习惯。

★ 懂得与媒体打交道

（1）信息披露。重视对媒体的公关工作，可与媒体建立定期联系机制，及时主动地向媒体发布相关信息。

（2）重视宣传。利用自办刊物、社会刊物和其他媒体，开展积极的对外宣传，有利于树立企业开放的形象，有利于取信于社会公众。

（3）媒体开放。企业应尽早适应当地社会新闻自由的形势，可设立对媒体的开放日活动，邀请媒体到企业参观访问，欢迎媒体对企业进行监督，开展有利于企业的宣传，以此促进企业开展各项工作。

（4）尊重信任。企业应尊重新闻媒体的权利，真诚坦荡地对待媒体的采访，客观地回答媒体提出的问题。

★ 学会和执法人员打交道

（1）普法教育。企业应重视对员工的普法教育，定期举办一些基本法律常识讲座或座谈会，避免因不懂法而触犯法律。

（2）**携带证件**。企业人员外出办事或出差，勿忘携带有效身份证件，并应妥善保管，以备不时之需。企业人事部门应重视中方人员的证件管理，尤其是证件有效期问题，不要因为工作繁忙而忽视证件延期事宜。

（3）**配合检查**。遇有警察或其他执法人员检查身份证件，在确认其真实身份的前提下，应配合其执法行为，礼貌回答问题。对有意刁难的执法人员，可据理进行交涉，但不要与之发生冲突。必要时可请企业律师或使馆领事官员协助交涉。

（4）**合理要求**。遇到执法人员搜查公司或住所，应要求其出示证件等证明其执法权的证明文件，并要求与律师取得联系，同时向使馆领事官员报告，争取律师和使馆官员的帮助。如执法人员扣留证件、企业执照、文件或物资等，应要求对方出具有关证明文件，并要求其签字，同时记录下其警号和车牌号等。交罚款应索要罚款单据。

（5）**理性应对**。遭遇执法人员不公正对待时，中方人员不要与之发生正面冲突，更不能触犯法律。应理性应对，做到有理、有利、有节，可通过律师进行处理，捍卫自己的合法权益。

秘 鲁
PERÚ

附　录

秘鲁
PERU ....

附录　世界银行·营商环境指数

为评估各国企业营商环境，世界银行通过对全球国家和地区的调查研究，对构成各国企业营商环境的十组指标进行逐项评级，得出综合排名。营商环境指数排名越高或越靠前，表明在该国从事企业经营活动的条件越宽松。相反，指数排名越低或越靠后，则表明在该国从事企业经营活动越困难。

秘鲁 2016 年营商环境指数排名如下表所示。

秘鲁营商环境排名

秘　鲁	
所处地区	拉美及加勒比地区
收入类别	中高收入
人均国民收入总值（美元）	6410
营商环境 2016 年 排名：50，与上一年相比，后退 5 名	

秘鲁营商环境概况

下表同时展示了秘鲁各分项指标与世界领先水平的距离，世界领先水平反映了《2016 年营商环境报告》所包含的所有经济体在每个指标方面（自该指标被纳入《营商环境报告》起）表现出的最佳水平。每个经济体与领先水平的距离以从 0 到 100 的数字表示，其中 0 表示最差表现，100 表示领先水平。

指　　标	秘　鲁	经合组织
开办企业		
2016 年与世界领先水平的距离（百分点）：85.02		
程序（个）	6.0	4.7
时间（天）	26.0	8.3
成本（占人均国民收入的百分比）	9.8	3.2
实缴资本下限（占人均国民收入的百分比）	0	9.6
办理施工许可证		
2016 年与世界领先水平的距离（百分点）：74.69		
程序（个）	14.0	12.4
时间（天）	174.0	152.1
成本（占人均收入的百分比）	0.5	1.7
建筑质量控制指标（0～15）	12.0	11.4
获得电力		
2016 年与世界领先水平的距离（百分点）：75.96		
程序（个）	5.0	4.8
时间（天）	67.0	77.7
成本（占人均国民收入的百分比）	324.5	65.1
供电可靠性和电费指数透明度（0～8）	5.0	7.2
登记财产		
2016 年与世界领先水平的距离（百分点）：76.77		
程序（个）	4.0	4.7
时间（天）	6.5	21.8
成本（占财产价值的百分比）	3.3	4.2

指　标	秘　鲁	经合组织
土地管理系统的质量指数（0～30）	17.0	22.7
获得信贷		
2016 年与世界领先水平的距离（百分点）：80.00		
合法权利指数（0～12）	8.0	6.0
信用信息指数（0～8）	8.0	6.5
公共注册处覆盖范围（占成年人的百分比）	35.2	11.9
私营调查机构覆盖范围（占成年人的百分比）	100.0	66.7
保护少数投资者		
2016 年与世界领先水平的距离（百分点）：60.00		
少数投资者保护力度指数（0～10）	6.0	6.4
纠纷调解指数（0～10）	7.0	6.3
披露指数	9.0	6.4
董事责任指数	6.0	5.4
股东诉讼便利度指数	6.0	7.2
股东治理指数（0～10）	5.0	6.4
股东权利指数（0～10）	9.0	7.3
所有权和管理控制指数（0～10）	3.0	5.6
公司透明度指数（0～10）	3.0	6.4
纳税		
2016 年与世界领先水平的距离（百分点）：81.18		
纳税（次）	9.0	11.1
时间（小时）	260.0	176.6

续表

指　标	秘　鲁	经合组织
利润税（占利润的百分比）	22.7	14.9
劳动税及缴付（占利润的百分比）	11.0	24.1
其他税（占利润的百分比）	2.2	1.7
应税总额（占利润的百分比）	35.9	41.2
跨境贸易		
2016 年与世界领先水平的距离（百分点）：71.45		
出口耗时：边界合规（小时）	48.0	15.0
出口所耗费用：边界合规（美元）	460.0	160.0
出口耗时：单证合规（小时）	48.0	5.0
出口所耗费用：单证合规（美元）	50.0	36.0
进口耗时：边界合规（小时）	72.0	9.0
进口所耗费用：边界合规（美元）	583.0	123.0
进口耗时：单证合规（小时）	72.0	4.0
进口所耗费用：单证合规（美元）	80.0	25.0
执行合同		
2016 年与世界领先水平的距离（百分点）：60.70		
时间（天）	426.0	538.3
成本（占标的额的百分比）	35.7	21.1
程序	**指标**	
时间（天）	426.0	
备案与立案	80.0	
判决与执行	171.0	

续表

指　　标	秘　鲁	经合组织
合同强制执行	175.0	
成本（占标的额的百分比）	35.7	
律师费（占标的物价值的百分比）	30.0	
诉讼费（占标的物价值的百分比）	4.7	
强制执行合同费用（占标的物价值的百分比）	1.0	
司法程序质量指数（0～18）	8.5	
办理破产		
2016年与世界领先水平的距离（百分点）：47.57		
回收率（每美元美分数）	30.3	72.3
时间（年）	3.1	1.7
成本（占资产价值的百分比）	7.0	9.0
结果（0为零散销售，1为持续经营）	0	1
破产框架力度指数（0～16）	10.0	12.1
启动程序指数（0～3）	3.0	2.8
管理债务人资产指数（0～6）	3.5	5.3
重整程序指数（0～3）	0.5	1.7
债权人参与指数（0～4）	3.0	2.2

资料来源：世界银行《2016年全球营商环境报告》。

跋

"丝绸之路经济带"和"21世纪海上丝绸之路"战略构想为沿线国家的经贸往来和文化融合带来千载难逢的机遇。作为中国唯一连续经营百年以上、机构网络遍及海内外40多个国家和地区的大型商业银行，中国银行在国际化经营水平、环球融资能力、跨境人民币业务等方面具有独特优势。随着国家"一带一路"战略梦想一步步走进现实，中国银行正励精图治，努力成为实现这个伟大梦想的金融大动脉。

"国之交在于民相亲，民相亲在于心相交。""一带一路"战略布局涉及区域广阔，业务广泛。它不仅是一条经济交通之路，更是一条民心交融之路，其建设发展在很大程度上取决于文化的影响力和穿透力。《文化中行——"一带一路"国别文化手册》的付梓，恰逢我行整合海内外资源、布局全球一体化协同发展的关键时期。《手册》以研究海外机构特点和服务对象需求为出发点，致力于解决文化冲突、促进文化融合，力求为海外机构提供既符合中国银行价值理念，又符合驻在国实际的文化指引。

《手册》在前期充分调研的基础上，与社会科学文献出版社共同编辑出版。《手册》紧紧围绕业务需求，深耕专业领域，创新工作思路，填补了我行海外文化建设领域的空白。这是中国银行在大踏步国际化背景下，抓紧建设开放包容、具有强大影响力的企业文化的需要，是发挥文化"软实力"、保持集团可持续发展的需要，更是投身国家重大战略部署、担当社会责任的需要。

社科文献出版社是我国社会科学研究领域的权威出版机构，在人文社会科学著作出版方面享有盛誉。在编纂过程中，特别邀请了外交部、商务部专家重点审读相关章节。针对重点领域的工作需要，设置了"特别提示"和"扩展阅读"，为"一带一路"发展战略提供了较为丰富的实例和参考。

文化的力量是无穷的。希望《文化中行——"一带一路"国别文化手册》行之弥远、传之弥久，以文化的力量推动"一带一路"金融大动脉建设，为实现"担当社会责任，做最好的银行"的战略目标添砖加瓦。

2015 年 12 月

后 记

　　《文化中行——"一带一路"国别文化手册》是中国银行在全力服从国家"一带一路"战略，依托百年发展优势，布局全球、协同发展的大背景下编撰的国别类文化手册。由中国银行企业文化部牵头，在办公室、财务管理部、总务部、集中采购中心的大力支持下，在社会科学文献出版社经管分社团队的共同努力下编辑出版。

　　手册在编辑过程中广泛征求了各海外分支机构的意见，得到了雅加达分行、马来西亚中国银行、马尼拉分行、新加坡分行、曼谷子行、胡志明市分行、万象分行、金边分行、哈萨克中国银行、伊斯坦布尔代表处、巴林代表处、迪拜分行、阿布扎比分行、匈牙利中国银行、卢森堡有限公司波兰分行、俄罗斯中国银行、乌兰巴托代表处、秘鲁代表处、仰光代表处、孟买筹备组、墨西哥筹备组、维也纳分行、摩洛哥筹备组、智利筹备组、毛里求斯筹备组、布拉格分行的大力支持，在此一并表示感谢。

　　编写组在编纂过程中参考了不同渠道的相关资料，主要包括外交部国家（地区）资料库，商务部"对外投资合作国别

（地区）指南 2014 版"，社会科学文献出版社"列国志"大型数据库，以及中国银行海外分支机构提供的相关资料。

本手册系定期更新，欢迎各界提供最鲜活的资料，使手册更具权威性和客观性。

图书在版编目(CIP)数据

秘鲁 / 中国银行股份有限公司, 社会科学文献出版社编.
—北京：社会科学文献出版社，2016.1
　（文化中行：国别文化手册）
　ISBN 978-7-5097-8433-4

　Ⅰ.①秘…　Ⅱ.①中…　②社…　Ⅲ.①秘鲁－概况
Ⅳ.①K977.8

中国版本图书馆CIP数据核字（2015）第276707号

文化中行：国别文化手册

秘鲁

编　　　者 / 中国银行股份有限公司
　　　　　　社会科学文献出版社

出 版 人 / 谢寿光
项目统筹 / 恽　薇　王婧怡
责任编辑 / 颜林柯
特约编写 / 苗英健　刘　鹏　孙桂荣

出　　　版 / 社会科学文献出版社·经济与管理出版分社（010）59367226
　　　　　　地址：北京市北三环中路甲29号院华龙大厦　邮编：100029
　　　　　　网址：www.ssap.com.cn
发　　　行 / 市场营销中心（010）59367081　59367090
　　　　　　读者服务中心（010）59367028
印　　　装 / 北京盛通印刷股份有限公司

规　　　格 / 开　本：889mm×1194mm　1/32
　　　　　　印　张：4　字　数：83千字
版　　　次 / 2016年1月第1版　2016年1月第1次印刷
书　　　号 / ISBN 978-7-5097-8433-4
定　　　价 / 48.00元